Friedrich Steinhäusler

TERRORZIEL EUROPA

Terrorziel Europa

edition a

Friedrich Steinhäusler: Terrorziel Europa

Alle Rechte vorbehalten
© 2011 edition a, Wien (www.edition-a.at)

Inhaltliche Beratung und Textgestaltung: Dr. Silvia Jelincic und Andreas Lexer

Lektorat: Angelika Slavik
Typografie: Rainer Erich Scheichelbauer
Druck: Theiss (www.theiss.at)

Verwendete Schriften:
Acorde von Stefan Willerstorfer (www.willerstorfer.at)
Pochoir von Jan Gerner (www.yanone.de)
Premiéra von Thomas Gabriel (www.typejockeys.at)

1   2   3   4   5   —   14   13   12   11

ISBN 978-3-99001-012-9

Inhalt

Vorwort

November 2010. In Europa explodieren wieder Bomben. Weil sie per Post verschickt werden, findet die Presse rasch einen Namen für sie: die »Paketbomben«. Technisch sehr ausgefeilt sind diese Bomben allerdings nicht. Die Bastler verstecken Schießpulver aus Feuerwerkskörpern in ausgehöhlten Büchern. Anstelle von Zündern verwenden sie Batterien, die beim Öffnen des Pakets Funken schlagen sollen.

Die Absender kommen aus Griechenland und sie verschicken gleich eine ganze Reihe explosiver Pakete. Vor allem auf Botschaften haben es die Terroristen abgesehen. Eine chilenische, eine bulgarische und eine deutsche Vertretung – an sie alle sind Paketbomben adressiert. In der Schweizer Botschaft explodiert tatsächlich eine. Um es genauer zu sagen: Beim Öffnen des Pakets schießt eine Stichflamme aus dem Umschlag. Eine zweite geht bei einem Kurierdienst hoch. Die Terroristen verschicken ihre Bomben auch per Luftpost, eine ist etwa an den italienischen Ministerpräsidenten Silvio Berlusconi adressiert – Sicherheitskräfte fangen sie noch rechtzeitig ab. Ein anderes Paket ist für den französischen Staatspräsidenten Nicolas Sarkozy bestimmt, eines für den Europäischen Gerichtshof in Luxemburg und weitere an die europäische Polizeibehörde Europol in Den Haag. Ein Paket schafft es sogar ins deutsche Kanzleramt, wo es mehrere Röntgenkontrollen übersteht, ehe Mitarbeiter der Poststelle Alarm schlagen.

Der Aufschrei in Deutschland über die mangelnden Sicherheitsvorkehrungen ist groß. Der deutsche Innenminister Thomas de Maizière erklärt offen, dass die Bomben erheblichen Schaden hätten anrichten können. Bundeskanzlerin Angela

Merkel, die an dem betreffenden Tag nicht in Deutschland weilt, verlangt umgehend schärfere Kontrollen in der Luftfracht. Der griechische Ministerpräsident Giorgos Papandreou verurteilt die Anschläge und spricht von einem Versuch, den sozialen Frieden seines Landes zu destabilisieren. Athen beschließt in der Folge, die Sendung von Briefen ins Ausland für mehrere Tage zu blockieren.

Zwei Tage später sind die mutmaßlichen Täter ausgemacht: Linksextreme Terroristen der griechischen Vereinigung »Verschwörung der Feuerzellen« haben die Pakete verschickt. Zwei Männer werden sofort festgenommen – sie tragen sogar noch bei der Verhaftung Paketbomben bei sich.

Europa reagiert betroffener, als es diese vergleichsweise harmlose Form terroristischer Aktivitäten vermuten ließe. Schließlich gehört der Terrorismus für Griechenlands extreme Linke seit vielen Jahren zum Kampf gegen das System und sie hat schon weitaus größeren Schaden angerichtet: Es begann in den 1970er-Jahren, als die Gruppe »17. November« einen CIA-Agenten tötete. Damals stand ein großer Teil der Bevölkerung hinter den Gewalttaten der Terroristen, weil die Amerikaner an der Installierung der regierenden und schwer verhassten Junta beteiligt waren. Nach dem Sturz der Junta wurde es ruhig um den griechischen Terror, bis 2008 ein 15-jähriger Junge bei Straßenprotesten ums Leben kam. Seither haben sich neue terroristische Gruppierungen gebildet: die erwähnten »Feuerzellen« sowie der »Revolutionäre Kampf« oder die besonders brutal vorgehende Sekte »Revolutionäre«.

Die Linksextremisten drücken mit dem Terror ihre Abscheu gegen das herrschende kapitalistische System aus, das Griechenland korrumpiert hat, und ihren Hass auf die undurchdringliche Vetternwirtschaft im Land – alles Faktoren, die dazu beigetragen haben, dass Griechenland 2010 dem Staatsbankrott nur um Haaresbreite entging. Die ohnehin schon großen sozialen Ungleichheiten hatten sich in der Folge noch weiter verschärft und die stete Radikalisierung einmal mehr verstärkt. Links- und rechtsextremer Terror hat Europa fast über das gesamte 20. Jahrhundert hinweg in Atem gehalten. Egal, ob die RAF in Deutschland Kaufhäuser in die Luft sprengte und hohe Beamte ermordete, ob die ETA in Spanien für ein unabhängiges Baskenland kämpfte und Polizisten tötete, ob die IRA die Engländer aus Nordirland zu vertreiben versuchte und dazu Sicherheitskräfte in Sprengfallen lockte oder ob die Roten Brigaden Italien mit blutigen Gräueltaten schockierten: Wir Europäer sind mit dem Bewusstsein aufgewachsen, dass der Terror ein Teil von uns ist. Transportiert über die Medien, haben wir ihn hautnah miterlebt. Aber so aktuell die griechischen Briefbomben auch sein mögen: Diese Art von Terrorismus gehört bald der Vergangenheit an. Denn selbst, wenn es derartige Gruppierungen nach wie vor gibt, ist ihre große Zeit im Grunde schon vorüber. Die wirkliche Gefahr lauert heute ganz woanders.

Vor bald zehn Jahren, am 11. September 2001, wurde eine neue Ära des Terrorismus eingeläutet, die in Zukunft das terroristische Geschehen in Europa prägen wird. Die grundlegenden Motive dieser neuen Terroristen mögen denen der bisher bekannten ähnlich sein: Auch sie kämpfen gegen das vorherrschende System, auch sie wollen einen Wertewandel erzwingen, auch sie sind frustriert und mit den herrschenden Zuständen unzufrieden. Doch zwei wesentliche Unterschiede gibt es zwischen »den Alten« und »den Neuen«: Letztere kämpfen nicht mehr nur gegen das System eines einzigen Landes und sie wollen auch nicht mehr irgendeiner Regierung ihren Willen aufzwingen. Vielmehr wenden sie sich gegen ganze Kulturen und Staatengemeinschaften und sogar gegen ganze Kontinente. Europa ist da ein ideales Feindbild. Heute haben sich die Dimensionen des Terrorismus grundlegend verändert. Terroristen agieren global. Grenzen existieren nicht mehr, weder in geografischer, noch in moralischer Hinsicht. Denn die neuen Terroristen sind bei ihren Anschlägen vor allem eines – unglaublich brutal. Früher bekämpften sie mit geringer Feuerkraft kleine, genau definierte Ziele. Heute wird auf eine möglichst hohe Feuer- und Zerstörungskraft gesetzt: Je mehr Menschenleben ein Anschlag kostet, desto größer ist der Erfolg aus Sicht der Täter. Je blutiger das begangene Attentat, desto größer die mediale Aufmerksamkeit, die sich die Drahtzieher dieser Anschläge erhoffen.

Es wird auch in Zukunft Terroristen geben, die Paketbomben verschicken, so wie es zum Beispiel der Al-Kaida-Ableger im Jemen im Oktober 2010, also zur gleichen Zeit wie die Griechen, versucht hat. Doch das Ziel, an dessen Verwirklichung professionelle Terroristen gerade arbeiten, geht weiter, viel weiter. Heute planen diese Gruppen den Einsatz von herkömmlichen Waffen mit multipliziertem Zerstörungseffekt, von friedlicher Technik in fataler Art und Weise – wie Sprengstoff, der in Druckerpatronen versteckt wird, die in Passagierflugzeugen mittransportiert werden sollen; die absichtliche Verseuchung unserer Stadtzentren mit Radioaktivität; das Entzünden von ausströmendem Flüssiggas, um ein Wohngebiet in ein brennendes Meer zu verwandeln. Und irgendwann werden wir uns auch mit dem Einsatz von Massenvernichtungswaffen konfrontiert sehen.

Spätestens mit den Anschlägen in Madrid 2004 und London 2005 sowie den Anschlagsdrohungen vom November 2010, hat der internationale Terrorismus deutlich gemacht, wo sein nächstes Ziel liegt: Er hat uns ins Auge gefasst, Europa, den alten Kontinent. Terroristen sehen neben den USA auch in Europa einen Feind, den es zu bekämpfen gilt. Es sind nicht mehr die links- oder rechtsradikalen Terroristen der alten Schule, sondern vorwiegend radikalisierte Islamisten, die die Werte der westlichen Welt tief verachten und jetzt Angriffe in ganz Europa planen, vor allem in den großen Metropolen. Diese Terroristen werden nicht von Räuberhöhlen im pakistanisch-afghanischen Grenzgebiet aus angreifen. Für ihre Angriffe haben sie eine wesentlich effizienteren Stützpunkt gefunden und sie sind gerade dabei, ihn auszubauen. Sie sitzen unter anderem in den Vororten der großen deutschen Städte Frankfurt und Berlin oder am Stadtrand von Metropolen wie Paris und Madrid. Sie rekrutieren sich aus jenen Gesellschaftsschichten, die wir aus niederen Instinkten wie Xenophobie und Intoleranz jahrelang an den Rand gestellt und in die Enge getrieben haben.

Sie rekrutieren sich aus Zuwanderern der zweiten und dritten Generation, die formal längst selbst europäische Staatsbürger sind, aber als Folge einer dramatisch gescheiterten Integrationspolitik in ihrem Stolz tief verletzt sind. Sie sind es, die – wohl aus gut erklärlichen Gründen – frustriert sind, die verzweifelt nach Zuspruch und Orientierung suchen und dabei Rattenfängern in die Arme laufen, die sie für ihre terroristischen Zwecke missbrauchen und als Selbstmordattentäter in den Tod schicken.

Europa gelang es bislang nicht, diesen Trend aufzuhalten, geschweige denn, ihn umzukehren. Und den europäischen Regierungen ist bis heute nicht bewusst, welchen schweren Schaden sie mit ihrem politischen Versagen in der Integrationspolitik angerichtet haben und immer weiter anrichten. Sie scheinen nicht wahrhaben zu wollen, dass sie damit eine neue Generation Terroristen herangezogen haben: eine Gruppe, die täglich an Stärke gewinnt, zumal Lösungen nach wie vor auf sich warten lassen. Das Problem Europas liegt klar in einer gescheiterten Integrationspolitik, die den Europäern nun zum Verhängnis wird.

Ich bin in erster Linie Physiker, der sich seit mehr als 35 Jahren mit Risikoforschung beschäftigt. Ich beschäftige mich damit, wie die Waffen der Zukunft aussehen könnten, ich berechne das Risiko eines terroristischen Anschlags und versuche, dessen Auswirkungen auf Menschen, Umwelt, Gebäude und Infrastruktur zu bestimmen. Ich kann beschreiben, unter welcher Terrorbedrohung Europa steht, mit welchen Anschlägen wir künftig rechnen müssen und mit welchen Maßnahmen die Staatengemeinschaft, in erster Linie die Europäische Union, die jeweiligen Mitgliedsstaaten selbst und ihre Behörden – und wir alle als Individuen – das Risiko begrenzen können.

Ich bin weder Soziologe noch Politologe. Meine vorrangige Aufgabe besteht also nicht darin, Lösungswege dafür aufzuzeigen, wie wir das Phänomen Terrorismus mit gesellschaftspolitischen Weichenstellungen in den Griff bekommen könnten. Genauso wenig kann ich eine Strategie für eine sinnvolle Integration von Bürgern mithilfe von Migrationspolitik entwerfen. Darum sollten sich Befugtere als ich kümmern, und zwar bitte möglichst rasch. Ich kann nur aufrütteln: Was wir brauchen, um dem Terror in Europa wirklich vorzubeugen, ist auf keinen Fall ein Krieg, der unter den Gipfeln des Hindukusch ausgetragen wird. Wir brauchen eine Lösung für die gesellschaftlichen Probleme hier in Europa. Nur so werden wir auch in Zukunft auf diesem Kontinent in Frieden leben können.

Friedrich Steinhäusler
Salzburg, Dezember 2010

Fiktive Anschlagsszenarien

*»Jetzt, wo das Undenkbare eingetreten ist, wünschten
wir alle, wir hätten mehr getan, um es zu verhindern.«*
Der UN-Generalsekretär bei einer
Pressekonferenz anlässlich eines Atombomben-
Terroranschlags in London am 7. Juli 2015

**Szenario A: Terrorangriff mittels primitiver Nuklearbombe
auf London**
Die Terroristen beschaffen sich waffenfähiges Uran in der süd-
afrikanischen Kernforschungsanlage Pelindaba (25°48′ s 27°54′ e).
Es handelt sich um ein 53 Kilometer von Pretoria entfernt gele-
genes, 2300 Hektar großes Gelände, das von einem elektrischen
Zaun umgeben und mit einer elektronischen Alarmanlage gesichert ist. 1990 war Pelindaba das nationale Zentrum der geheimen staatlichen Forschung zur Entwicklung und Herstellung
einer Nuklearwaffe für die südafrikanische Regierung. Seit damals gibt es in der kerntechnischen Anlage technische und wis-
senschaftliche Unterlagen über den Bau einer derartigen Waffe,
sowie für die Herstellung von Nuklearwaffen geeignetes Uran
(U 238). Das in Pelindaba gelagerte Material wurde künstlich bis
auf mehr als 90 Prozent an dem spaltbaren Uranisotop U 235 an-
gereichert. Bereits im November 2007 drangen Kriminelle mit
Waffengewalt in die schwerbewachte Anlage ein, stahlen mehrere Computer und verließen unbehelligt das Gelände.

In unserem fiktiven Szenario erfolgt am 4. September 2015
auf diese Anlage ein Nachtangriff durch zwei koordinierte Gruppen von Terroristen: Das erste Team startet seinen Angriff auf
das Gelände, um die Sicherheitskräfte abzulenken. Mit Granat-

werfern und Schnellfeuergewehren greifen acht Männer die Sicherheitsposten an und verwickeln sie in ein längeres Feuergefecht. Das zweite Team, bestehend aus zehn Männern, wird von einem Insider, also einem Angehörigen der Firmenbelegschaft, unterstützt, der bereits vorher die Patrouillen-Zeitpläne und Standorte der Wachposten sowie die technischen Details der elektronischen Alarmanlage und des elektrischen Zauns verraten hat. Mit diesen Informationen hat das zweite Team sowohl den elektrischen Zaun, als auch die Alarmanlage außer Betrieb gesetzt und dringt jetzt unbemerkt auf das Gelände vor.

Da der Insider den zehn Männern auch die genauen Lagepläne für das Nuklearmaterial verraten hat, können sie unbehelligt insgesamt 150 Kilo waffenfähiges Uranmaterial (highly enriched uranium, kurz: HEU) vom Betriebsgelände entwenden. Außerhalb des Geländes teilen sie das entwendete Uran auf mehrere Kisten auf und verladen es in einen wartenden, unter falschem Namen gemieteten Lieferwagen. Der Lieferwagen fährt auf schnellstem Weg nach Pretoria, wo die Kisten in einer gemieteten Garage mit Wachs ausgegossen werden, um die Neutronenstrahlung zu schwächen. Anschließend verladen die Männer die Kisten in einen ebenfalls unter falschem Namen gemieteten Container. Aufgefüllt wird der Container mit Kisten desselben Formats, die Stahlstäbe mit der gleichen Form des Uran enthalten, um dadurch die Gammastrahlung abzuschwächen. Die zugeladenen, gleich aussehenden Stahlstäbe erschweren auch die Entdeckung des Urans durch Röntgengeräte des Zolls bei der Ausfuhr oder Einfuhr. Noch in derselben Nacht bringen die Terroristen und ihre Helfer den Schiffscontainer per Lkw nach Port Richard's Bay und verladen ihn auf ein Schiff mit Destination London. Der Container mit den 150 Kilo Uran, die nun gut unter einer Ladung hunderter ähnlich aussehender Stahlrohre versteckt sind, wird mit dem unter panamesischer »Billigflagge« fahrendem Schiff »Rising Sun« zum Hafen in London transportiert. Als »Billigflagge« hat Panama mit 6184 Schiffen die größte Handelsflotte der Welt. Fast alle in Panama registrierten Schiffe haben ausländische Besitzer und sind mit ausländischen Mannschaften besetzt. 2015 werden im Londoner Hafen in mehr als achtzig Terminals jährlich mehr als sechzig Millionen Tonnen Frachtgut abgefertigt. Die tatsächliche physische Inspektion jedes Containers ist nicht möglich. Es können nur Stichproben gemacht werden. Der Container wird vom Zoll als unbedenklich abgefertigt und für den Import freigegeben.

Im September 2002 gelang es einem US-Fernsehteam, abgereichertes Uran, das nur Spuren von U-235 enthält, markiert als radioaktives Material von New York über Salzburg nach Istanbul zu schmuggeln. In Istanbul wurde das Uran in einen Schiffscontainer verladen und per Schiff nach New York transportiert. Dort wurde es unbehelligt auf einen Lkw verladen und nach New York City transportiert. Im Jahr 2003 wurde der Vorgang wiederholt: Die Uranprobe wurde per Schiff von Indonesien nach Los Angeles transportiert und passierte anstandslos die US-Zollkontrolle. Meine beriet damals das Fernsehteam bei den Strahlenschutzmaßnahmen.

Schläferzellen in Großbritannien haben bereits 2014 mit der Anmietung eines alten Firmengeländes am Stadtrand von London die Basis für die Herstellung einer primitiven Nuklearbombe errichtet. Dorthin bringen die Terroristen die Ladung jetzt per Lkw. Zur Tarnung haben die Schläfer eine Firma gegründet, die sich offiziell mit der Herstellung von Kosmetika befasst. Unter diesem Deckmantel haben sie die Laboreinrichtung und die später für den Bau der Bombe benötigten Chemikalien im britischen Handel gekauft. Pakistanische Nuklearwissenschaftler haben als Sympathisanten der Terroristen im gleichen Jahr mit der Einrichtung des Labors zur Herstellung einer primitiven Nuklearwaffe begonnen. Als Basis diente ihnen dazu ihr Fachwissen, das sie bei der Herstellung der pakistanischen Nuklearwaffen erworben hatten, sowie im Internet zugängliche Entwürfe auf der Basis des international vielfach erprobten Modells »Gun-Type«. Folgende Darstellung kann jeder Internet-User herunterladen:

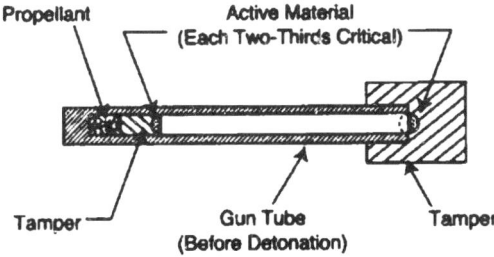

Im Sommer 2015 ist die Bombe für den Einsatz in London fertig. Hier eine schematische Darstellung der von den Terroristen gebauten primitiven Nuklearwaffe, ebenfalls aus dem Internet:

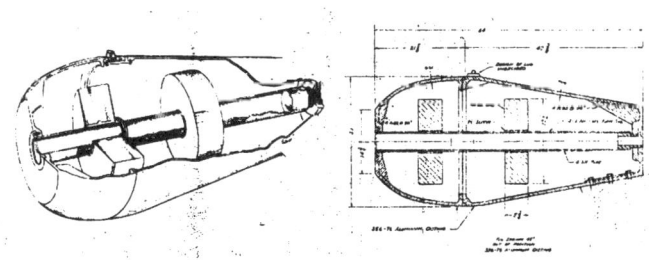

19

Am Vormittag des 7. Juli 2015, genau zehn Jahre nach dem Terroranschlag auf U-Bahn und Bus in London, wird die primitive Nuklearbombe auf einen Lieferwagen verladen und von zwei Selbstmordattentätern in Richtung Stadtzentrum transportiert. Diese beiden Personen haben den Auftrag, im Falle eines unwahrscheinlichen frühzeitigen Auffliegens des Vorhabens die Bombe auf jeden Fall sofort zu zünden. Den Zeitpunkt haben die Terroristen gewählt, um der Welt zu demonstrieren, dass der internationale Terrorismus ein »Langzeitgedächtnis« hat und immer und überall zuschlagen kann.

Der Zündmechanismus für diese primitive Nuklearwaffe ist auf Mittag eingestellt, um möglichst viele Menschen zu treffen, die an diesem Sommertag ihre Mittagspause im Freien verbringen. Nachdem sie den Lieferwagen auf einem legalen Parkplatz abgestellt haben, zünden die Selbstmordterroristen die Bombe. Die Sprengkraft der Bombe ist äquivalent zu der Detonation von tausend Tonnen konventionellem Sprengstoff TNT. Im Hypozentrum der Detonation, also am Boden im Explosionszentrum, hat es 6000 Grad Celsius. Die Hitzewelle breitet sich innerhalb der ersten Zehntelsekunde aus. Die Druckwelle breitet sich mit Überschallgeschwindigkeit aus und zerstört alle Gebäude in der näheren Umgebung. Anschließend strömt die Luft zurück und richtet weitere Schäden an den noch stehenden Gebäuden an. Innerhalb von einigen Minuten kühlt sich der Feuerball weiter ab und der Atompilz steigt hoch.

Aufgrund der bodennahen Detonation bildet sich erheblicher radioaktiver Fallout, der sich je nach Wetterlage in den nächsten Stunden bis Wochen über jene Gebiete ausbreiten wird, die vom Abwind getroffen sein werden. Unsere Annahme lautet: Detonation der Bombe an der Erdoberfläche mit einer

Sprengkraft äquivalent zu tausend Tonnen TNT. Die Windgeschwindigkeit beträgt konstant 25 Stundenkilometer. Die Strahlendosis wird hauptsächlich durch Gammastrahlung mit konstanter Dosisleistung verursacht. Die akkumulierte Strahlendosis wird nach vier Tagen Exposition erreicht. Gemäß dem »Fallout Calculator« der Federation of American Scientists ergibt sich das folgende Bild:

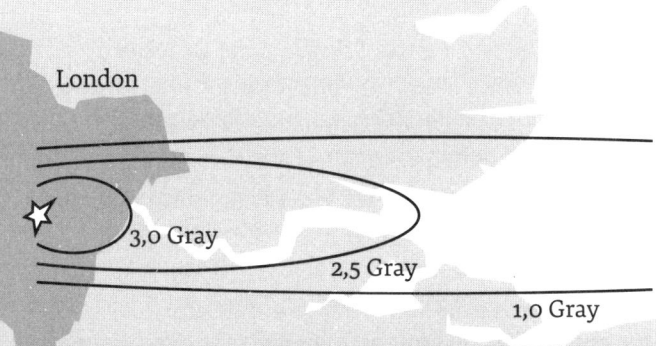

1 Gray = 1 Joule pro Kilogramm (Maß für Strahlungsdosis)

Innere Ellipse: 3,0 Gray. Bei dieser Strahlendosis sterben ca. 50% der betroffenen Bevölkerung.

Mittlere Ellipse: 2,5 Gray. Lediglich über das Strahlenrisiko informierte Einsatzkräfte und Freiwillige können in diesem Gebiet ihren Dienst versehen, um Leben zu retten.

Äußere Ellipse: 1,0 Gray. Bei dieser Dosis wird die Evakuierung beziehungsweise der Schutz in geeigneten Gebäuden erforderlich.

Die unmittelbaren Folgen des Anschlags innerhalb der Wirkungszone der Bombendetonation bei gleichen Annahmen und klarem Himmel zum Zeitpunkt der Detonation:

Wirkungszone	Auswirkungen
bis 275 Meter	ernste Verletzungen durch die Druckwelle
bis 600 Meter	ernste Verletzungen durch Verbrennungen (50% Mortalität)

Auswirkungen in der ersten Sekunde: Eine Druckwelle mit einer Geschwindigkeit von mehreren hundert Kilometern pro Stunde strömt zuerst vom Ort der Detonation nach außen, um anschließend mit nur gering verminderter Geschwindigkeit zurückzuströmen. Menschen werden von Glassplittern durchsiebt, von Gebäudetrümmern erschlagen und wie Geschoße durch die Luft gewirbelt. Die geschätzt 5000 Menschen, die sich innerhalb eines Radius von rund 500 Metern um die Detonationsstelle befinden, werden innerhalb der ersten Sekunde durch die Druckwelle oder durch die stark ionisierende Strahlung der Nuklearbombe getötet oder überleben nur mit schwersten Verletzungen. Menschen, die zum Zeitpunkt der Detonation auch aus größerer Entfernung in den grellen Lichtblitz blicken, erblinden kurzzeitig oder auch dauerhaft. Da dies auch für Autofahrer gilt, sind Massenkarambolagen im Stadtverkehr die weiteren Folgen.

Die ersten zehn Sekunden: Der helle Feuerball, der gegen Himmel steigt, verursacht eine Hitzewelle, die innerhalb eines Quadratkilometers um den Detonationsort schwerste Verbrennungen bei Menschen hervorruft und zu großflächigen Bränden führt. Am Rand der Kernzone um den Detonationsort entzündet sich leicht brennbares Material, Gasleitungen und Benzintanks explodieren und sorgen so für zusätzliche Brandherde.

Der erste Tag: Alle Spitäler im Nahbereich der Detonation wurden so schwer beschädigt, dass sie etwa durch Gebäudeeinstürze, unzureichende Wasser- und Stromversorgung, mangelnde Telekommunikation oder den Verlust von Personal in ihrer Funktion erheblich eingeschränkt sind. Rettungskräfte, die von außen in das Detonationsgebiet gelangen wollen, werden durch die Trümmerberge der zerstörten Häuser und die vielen Brandherde fundamental in ihrer Arbeit behindert. Radioaktive Kontamination verursacht zusätzliche Probleme, da die Strahlenbelastung nur eine zeitlich beschränkte Einsatzfähigkeit der Helfer zulässt und dadurch eine hohe Rotation der jeweiligen Einsatzteams erforderlich ist.

Unbeschädigte Spitäler in den Randbezirken von London werden von der großen Zahl der Verwundeten überwältigt und können nur eine Notversorgung gewährleisten. Aufgrund der schweren Verbrennungen und der radioaktiven Kontamination wäre für mindestens tausend der überlebenden Opfer ein Aufenthalt in einer Spezialklinik erforderlich. Eine derart große Anzahl von Spezialbetten ist nicht vorhanden, das heißt, dass diese Patienten vorerst gemeinsam mit den übrigen rund 2000 überlebenden Opfern notdürftig in normalen Krankenhäusern behandelt werden müssen.

Massentransportmittel wie U-Bahn und Autobusse funktionieren weder im Gebiet der Detonation noch in den daran angrenzenden Gebieten. Da der Straßenverkehr und die Verkehrsregelung ebenfalls durch die Erschwernisse im Detonationsgebiet zum Erliegen kommen, bricht Londons Verkehr großräumig zusammen. Mehrere hunderttausend Menschen machen sich zu Fuß auf den Weg, um zu ihren Wohnstätten in den Randgebieten zu gelangen. Die Stromversorgung und das Telekommunikationsnetz der Stadt können die großflächigen Ausfälle nicht kompensieren, wodurch mehrere hunderttausend Abnehmer und Kunden betroffen sind. Der Flugverkehr auf Londons Flughäfen kommt zum Erliegen, weil die Sicherheitsbehörden, die weitere Anschläge befürchten, den gesamten Luftraum über London sperren lassen.

Die erste Woche: Die Leichen von einigen tausend Toten müssen in Massengräbern bestattet werden. Weiträumige radioaktive Kontamination, zerstörte Infrastruktur, geborstene Wasserleitungen, Abwasserrohre und Gasleitungen sowie Trümmerberge auf Straßen erschweren die Räumung und Dekontamination der zerstörten Gebiete. Mehrere hunderttausend Bewohner flüchten unkontrolliert aus der Stadt, um bei Verwandten oder Freunden in anderen Gebieten Großbritanniens Unterschlupf zu finden. Die Wirtschaft ist schwer beeinträchtigt, weil viele Mitarbeiter nicht mehr zur Arbeit erscheinen. Am Stadtrand werden Zentren für die Notaufnahme von einigen hunderttausend Menschen errichtet, um wenigstens ein Minimum an Schutz und Versorgung für die traumatisierte Bevölkerung anbieten zu können. In der Stadt selbst patrouilliert die britische Armee, um die Ordnung wiederherzustellen, da es zu massenhaften Plünderungen kommt. Die britische Regierung ruft den Notstand aus, erlässt Notstandsgesetze und schränkt die Bürgerrechte drastisch ein.

Szenario B: Tag der Vergeltung in Europa im Sommer 2015 – koordinierte Terroranschläge

Die folgenden fiktiven Terroranschläge zeigen, wie der Beginn des Jihad gegen Europa durch eine neu gegründete, (fiktive) europäische Al Kaida aussehen könnte.

Szenarioannahmen: Synchrone Anschläge in ganz Europa am 15. Juli 2015 zum Beginn der Ferienzeit. Das heißt, es sind Millionen Urlauber per Auto, Bahn, Schiff und Flugzeug unterwegs zu ihren Urlaubszielen. Es ist Vormittag und das Wetter ist sonnig, sodass sich viele Menschen im Freien, in Gastgärten und Fußgängerzonen befinden. Arbeitnehmer, die keinen Urlaub haben, sind bereits an ihrem Arbeitsplatz eingetroffen. Überall rollt die Verkehrslawine mit Urlauberstaus auf den Autobahnen, überfüllten Zügen, ausgebuchten Flügen und Warteschlangen bei den Autofähren. Das Sicherheitspersonal auf Flughäfen, Bahnhöfen und Fähren steht aufgrund der vielen Reisenden unter gesteigertem Druck.

Angriff auf eine Autofähre in Athen: Die Roll-on-roll-off-Fähre wird im Hafen beladen, die Lkws stehen im Unterdeck, die Pkws im Oberdeck. Darunter: zwei Transporter, beladen mit Margarine, Mehl und dazwischen eine IED (improvised explosive device), also eine nicht industriell hergestellte Brand- oder Sprengladung, die als Gegenstand des alltäglichen Gebrauchs abgelegt wird. Insgesamt befinden sich in zwei Plastikfässern 200 Kilo ANFO, ein Gemisch aus geprilltem, porösem Ammoniumnitrat und Mineral- oder Dieselöl an Bord der Fähre. Zwei Selbstmordattentäter zünden die Sprengsätze nach rund dreißig Minuten Fahrzeit auf dem offenen Meer. Nach der Detonation bricht unter Deck ein Primärfeuer aus. Durch explodierende Treib-

25

stofftanks kommt es zu weiteren Bränden mit starker Rauchentwicklung. Das Feuer auf der Fähre gerät außer Kontrolle. Die Fähre selbst bekommt Schlagseite, was die Rettungsmaßnahmen beeinträchtigt. Tote und Verletzte in der Mannschaft reduzieren das Ausmaß der Unterstützung für die Passagiere.

Angriff auf Züge in Deutschland: Die Terroristen greifen fünf ICE-Züge mit bis zu 66 Passagieren je Waggon der zweiten Klasse gleichzeitig an. Im ersten und letzten Waggon jedes Zuges befindet sich je ein Attentäter mit 25 Kilo kommerziellem Sprengstoff samt Timer im Gepäck. Die Attentäter verlassen den Zug und lassen die Sprengsätze zurück. Die Timer sind so eingestellt, dass die Sprengsätze in jedem ICE jeweils bei der Einfahrt im Bahnhof detonieren. Die Waggons werden aufgerissen und die Passagiere an Bord getötet oder verletzt. Wartende am Bahnsteig und im Bahnhofbereich werden ebenfalls getötet oder verletzt.

Als Vorbild dienen den Terroristen die Zuganschläge von Madrid am 11. März 2004. Damals tötete eine Serie von zehn durch islamistische Terroristen ausgelöste Bombenexplosionen 191 Menschen, 2051 wurden verletzt, 82 davon schwer. Zehn Sprengsätze explodierten in eng besetzten Vorortzügen, drei weitere Bomben sollten verzögert detonieren – vermutlich, um die zu Hilfe kommenden Einsatzkräfte zu verletzen – konnten aber entschärft werden. Einen Sprengsatz entdeckten die Ermittler in einem Rucksack, der durch ein Mobiltelefon gezündet werden sollte. Sie wurden durch das Klingeln des Mobiltelefons auf den Rucksack aufmerksam. Eine dieser Bomben hätte die Kraft gehabt, den zur Stoßzeit stark frequentierten Madrider Hauptbahnhof Atocha komplett in Schutt und Asche zu legen. Zwei der vier Züge explodierten nicht im Bahnhof Atocha. Einer dieser Züge wäre fahrplanmäßig zum Zeitpunkt der Detonation im Bahnhof eingetroffen, hatte jedoch Verspätung und explodierte etwa 500 Meter vor den Bahnsteigen.

Die Rettungskräfte erreichten die Unglücksstellen nach wenigen Minuten. Angesichts des Ausmaßes der Anschläge musste ein Behandlungsplatz im Sportkomplex Daoiz y Velarde eingerichtet werden. Der Verkehr von und nach Madrid wurde unterbrochen, um die Flucht der Terroristen zu verhindern. Der Verkehr der Metrolinie 1 wurde eingestellt, die beiden anderen Fernbahnhöfe Madrids, Chamartín und Príncipe Pío, wurden geschlossen. Die Anschläge ereigneten sich trotz bereits erhöhter Sicherheitsmaßnahmen.

Angriff auf den Flughafen in Rom: Die Terroristen greifen mit einem Konvoi an, bestehend aus einem VBIED (vehicle borne improvised explosive device), einem Lastwagen mit 500 Kilo Sprengstoff an Bord. Gefahren wird er von zwei Selbstmordattentätern, die Schnellfeuerwaffen bei sich haben. Hinter ihnen folgt ein allradgetriebener Geländewagen mit vier Attentätern, die mit Schnellfeuerwaffen, Handgranaten und mehreren Haftladungen bewaffnet sind. Beim Zufahrtstor eröffnen die beiden Insassen des Lkw das Feuer auf die Torwachen. Dann detoniert der Lkw und schlägt eine Bresche, die den Terroristen im Geländewagen die Durchfahrt zum Vorfeld ermöglicht. Sie fahren zum Übersee-Terminal, wo mehrere vollgetankte Großraumflugzeuge je rund 250 Passagiere an Bord nehmen. Mit fünf Metern zwischen den Tragflächenenden parken die Flugzeuge relativ nahe nebeneinander. Die Attentäter schalten das Bodenpersonal mit ihren Schnellfeuerwaffen und Handgranaten aus, bringen Haftladungen an Flugzeugen an und zünden alle Ladungen gleichzeitig mittels Fernsteuerung. Die Explosionen zerstören die Flugzeuge und töten oder verwunden die Passagiere an Bord. Trümmerflug und entzündetes Kerosin beschädigen das Terminal und fordern Tote und Verwundete unter den im Terminal befindlichen Passagieren und Flughafenmitarbeitern. Die Angreifer sterben im Feuergefecht mit den eintreffenden Sicherheitskräften.

Bereits am 30. Juni 2007 wurde ein Terroranschlag auf den Flughafen von Glasgow verübt, als ein Geländewagen das Terminalgebäude rammte und sofort in Flammen aufging. Der Wagen war mit brennbarem Material präpariert. Da er nicht in die Flughafenhalle eindringen konnte, wurden nur fünf Personen leicht verletzt.

Angriff auf das Finanzzentrum in Zürich: Vier Pkws mit je drei Selbstmordattentätern nähern sich dem Finanzzentrum aus vier verschiedenen Richtungen. Jede Gruppe ist mit Schnellfeuerwaffen, Handgranaten und kommerziellem Sprengstoff ausgerüstet. Synchron greifen die vier Gruppen je eine prominente Institution an. Die Ziele sind Banken, Versicherungsanstalten, Investmentfirmen oder die Börse. Die Angreifer schalten das Wachpersonal aus, begeben sich ins Gebäudeinnere und töten wahllos Personal. Sie verschanzen sich im Gebäude und nehmen zahlreiche Geiseln, an denen sie Sprengladungen anbringen. Sie verteidigen ihre Position jeweils bis zuletzt. In der Schlussphase legen sie im Gebäude Brände und sprengen die Geiseln und sich selbst in die Luft.

Angriff auf den U-Bahnknoten in Lissabon: Vier Selbstmordattentäter besteigen je einen der Züge, die im Minutentakt vom U-Bahnknoten aus abfahren. Jeder trägt einen Druckbehälter bei sich, der Sarin enthält. Sarin ist ein chemischer Kampfstoff, der je nach Stärke der Vergiftung verschiedene Symptome bewirkt: Nasenlaufen, Sehstörungen, Pupillenverengung, Augenschmerzen, Atemnot, Speichelfluss, Muskelzucken und Krämpfe, Schweißausbrüche, Erbrechen, unkontrollierbarer Stuhlabgang, Bewusstlosigkeit, zentrale und periphere Atemlähmung und letztlich Tod. Jeder Attentäter versprüht – unbemerkt von den Passagieren – Sarin in je einem Waggon der fahrenden U-Bahnzüge. Bei der nächsten Station wechselt jeder Attentäter in einen Zug, der zum Knoten zurück fährt. Es kommt zu einer zeitlich koordinierten Vielfachkontamination des U-Bahnsystems auf unterschiedlichen U-Bahnlinien. Tote und Verletzte in den fahrenden Zügen sind die Folge. Die Bedrohung wird erst verzögert erkannt. Zu viele Passagiere benötigen praktisch gleichzeitig eine Erstbehandlung.

Angriff auf das Stadtzentrum von Oslo: Die Attentäter parken drei Pkws in Kurzparkzonen im Zentrum. Jeder Pkw ist mit je 200 Kilo ANFO sowie einer radioaktiven Strahlenquelle beladen. Die Attentäter zünden alle drei schmutzigen Bomben gleichzeitig mittels Mobiltelefon. In den angrenzenden Straßen sowie in Gebäuden, in denen Türen und Fenster offen stehen oder durch die Druckwellen der Explosion beschädigt wurden, breiten sich radioaktive Aerosole aus. Die Sicherheitskräfte versuchen, die radioaktiv verseuchten Opfer möglichst rasch aus der »heißen Zone« zu entfernen. Sie sperren die heiße Zone und die angrenzende »warme Zone« ab. Die Windverfrachtung, Fahrzeuge und fliehende Menschen übertragen die Kontamination auf angrenzende Gebiete. Neben den Verlusten an Menschenleben sind komplexe und teure Aufräumungsarbeiten nötig, zudem gibt es hohe finanzielle Verluste bei betroffenen Liegenschaften infolge der Stigmatisierung ehemals radioaktiv kontaminierter Gebäude auch nach erfolgreicher Dekontamination.

Im Juni 2007 stießen die Londoner Sicherheitskräfte am frühen Morgen auf einen in der Innenstadt geparkten grünen Mercedes, in dem laut dem Anti-Terror-Chef von Scotland Yard Sprengsätze in Form mehrerer großer Gasflaschen, Benzin und auch viele Nägel gefunden wurden. Eine Explosion des Sprengsatzes hätte immensen Schaden angerichtet und viele Menschen verletzt. Eine Strahlenquelle enthielt der Wagen nicht.

Angriff auf das Wiener Donauinselfest: Vor dem Festival, bei dem sich auf einem großen Freigelände bis zu drei Millionen Besucher versammeln, entwenden zwei Attentäter ein Spezialflugzeug für den landwirtschaftlichen Einsatz. Statt Pflanzenschutzmittel oder Chemikalien für die Hagelabwehr füllen sie einen infektiösen biologischen Kampfstoff in den Tank, markieren das Flugzeug als Werbeträger, fliegen damit über das Konzertareal und infizieren die Besucher. Die merken vorerst nichts davon und verbreiten die Krankheitsträger nach ihrer Heimkehr unbemerkt an ihren Wohnorten. Nachdem die Inkubationszeit verstrichen ist, bricht die Krankheit an zahlreichen Orten gleichzeitig aus.

Die vier Generationen des Krieges

Auch wenn es auf den ersten Blick nicht offensichtlich ist: Europa befindet sich im Krieg. Mit dem Unterschied, dass die Schlachten nicht mehr auf europäischem Boden geschlagen werden. Die Frontlinien schneiden nicht mehr vom Ärmelkanal bis zur Schweizer Grenze quer durch den Kontinent, wir kämpfen nicht wie im ersten Weltkrieg um bekannte Orte wie Verdun. Wir bauen keine Befestigungswälle mehr an der Atlantikküste und wollen Moskau nicht mehr einnehmen oder Berlin verteidigen wie im Zweiten Weltkrieg. Wir teilen den Kontinent auch nicht mehr mit einer mit Stacheldraht versehenen Mauer in zwei Hälften. Die Schlachtfelder haben sich vielmehr in andere Erdteile verlagert, in die Europa heute seine Soldaten entsendet. Europäer kämpfen dort gemäß Artikel v der North Atlantic Treaty Organization (NATO) und / oder unter dem Schirm der Vereinten Nationen und deren Beschlüssen im Sicherheitsrat. Wenn ein Mitgliedsland in Not ist, müssen oder sollten ihm laut NATO-Vertrag die anderen Mitglieder Beistand leisten. Weiters sind wir innerhalb der EU seit 2004 dabei, EU Battle Groups (EUBG) zu erstellen, um künftig in zerfallenen oder vom Staatszerfall betroffenen Länder rasch eingreifen zu können. Die Einsatzorte der EUBG können beispielhaft von Afrika über den Kaukasus bis nach Afghanistan und Südostasien reichen, wenn es gilt, EU-Sicherheitsinteressen wahrzunehmen.

Das ist einmalig in der Geschichte der Kriegführung. Erstmals eilen im Rahmen eines Militärbündnisses unangegriffene Staaten jenen zu Hilfe, die angegriffen werden oder die in einem Drittland einen gemeinsamen Feind als eine Gefahr für ihre eigene Sicherheit sehen. Die Anschläge auf das World Trade Center im September 2001 zielten auf die Vereinigten Staaten von Amerika ab. Aber neben den Amerikanern haben in der Folge unter anderem auch Briten, Franzosen, Deutsche, Niederländer, Polen, Bulgaren oder Spanier ihre Truppen in den Irak oder nach Afghanistan entsandt, wo sie seither unter Dauerbeschuss stehen – zumal es gilt, einen gemeinsamen Feind zu bekämpfen. Dieser Feind ist der Terrorismus, und Afghanistan und der Irak sind vielleicht die sichtbarsten Fronten, aber längst nicht die einzigen und schon gar nicht die wichtigsten.

Auch der moderne integrale Ansatz in der Terrorbekämpfung ist in der Geschichte einzigartig. Früher haben vornehmlich Nachrichtendienste und Polizeieinheiten den Terrorismus bekämpft. Heute wird ein ganzer Apparat an Organisationen darauf gedrillt: Geheimdienste, Polizei und andere Sicherheitsorganisationen versuchen, die Terroristen mit vereinten Kräften auszuspionieren und ihnen das Handwerk zu legen. Zivile Einsatzkräfte, allen voran Feuerwehr und Rotes Kreuz, bereiten sich immer intensiver darauf vor, um für den Fall eines Angriffs gewappnet zu sein und mit der Situation bestmöglich fertig zu werden. Das Militär wiederum wird in der Mission entsandt, den Terrorismus bereits an seiner Entstehung zu hindern. Das alles funktioniert allein schon wegen der unterschiedlichen Charakteristika der Organisationen längst nicht friktionsfrei. Militärische Organisationen und Geheimdienste verfolgen operationale strategische Ziele, zum Beispiel die Zerstörung eines Al-Kaida-Trainingslagers. Dieses Ziel steht für sie an oberster Stelle. Auch den Verlust von unschuldigen, nicht am Terror beteiligten Menschenleben nehmen sie für dieses Ziel in Kauf (»collateral damage«). Zivile Organisationen hingegen stellen meist den Schutz von Menschenleben an oberste Stelle. Das erschwert gemeinsame Unternehmungen mitunter deutlich, unmöglich macht es sie aber nicht. Aus heutiger Sicht ist solch eine Vorgehensweise wohl die beste – und derzeit einzige – effiziente Maßnahme, um im Krieg gegen den internationalen Terrorismus zu reüssieren. Ein Krieg, in dem zweifelsohne fast alles anders ist als in früheren Kriegen.

Gleich geblieben ist im Kampf gegen den Terrorismus in erster Linie jedoch eines: Nach wie vor stehen sich zwei Parteien gegenüber, ein Verteidiger und ein Angreifer. Sichtbar ist allerdings nur der Verteidiger, nur er trägt eine klar erkennbare Uniform, nur er gehört einem transparenten, offiziellen Verband an und ist gewissen Regeln, Gesetzen und damit verbunden auch einer mitunter bremsenden Bürokratie unterworfen. Der unsichtbare Gegner ist ungleich flexibler. Er unterliegt keiner militärischen Struktur. Das war früher einmal. Sein jetziges Hauptquartier hat weder eine Postadresse, noch einen Telefonanschluss – aber eine Website. Und genau das macht es für den Verteidiger extrem schwierig: Der Feind könnte jeder sein. Nichts ist typisch für ihn, kein Kennzeichen, kein Dienstgrad, weder Alter noch Geschlecht. Es könnte ein Mann sein, eine Frau und sogar Kinder. Auch sie werden zuweilen schon mit Sprengzündern ausgestattet.

Dieser neue Krieg ist asymmetrisch. Die Asymmetrie entsteht durch die völlig unterschiedliche Stärke der beiden Kriegsparteien. Meist ist eine Partei viel größer und hat ungleich mehr Personal zur Disposition, sie verfügt auch über eine bessere Waffentechnik – und schlichtweg über mehr Waffen. Die andere Partei ist hingegen wendiger, flexibler, hat schlankere Strukturen und kann ihren Gegner immer wieder mit kleinen Nadelstichen schwächen. Mao Zedong bediente sich in den 1920er-

und 1930er-Jahren dieser ausgeklügelten Technik. Gemäß der dreizehn Prinzipien der Kriegsführung von Sun Tsu lotete der gefürchtete chinesische Diktator die Schwächen des Gegners aus, verkörpert durch das Regime des Chiang Kai-shek, bis er siegte. Im Bergland organisierte Mao Zedong eine revolutionäre Bauern- beziehungsweise eine kommunistische Partisanenbewegung. Zu seiner Strategie gehörte es, durch demonstrative Brutalität Feinde zu entmutigen, das von ihm verachtete Volk durch Terror in Angst und Schrecken zu versetzen, sowie die eigenen Anhänger in einen Blutrausch zu treiben und sie durch ihre Taten so zu kompromittieren, dass es für sie kein Zurück mehr gab.

Maos Art zu kämpfen leitete eine neue Ära der Kriegsführung ein, die auf die Vorteile des kleineren, wendigeren Gegners setzte. Und die sind zahlreich. Denn einen Krieg zu führen, ist für eine konventionelle Armee mit enorm hohen Kosten verbunden. Die Soldaten müssen ausgebildet und ausgerüstet werden. Hinzu kommt der beträchtliche logistische Aufwand für den Nachschub. Ein Beispiel: Über die Tampa-Road, eine der wichtigsten irakischen Versorgungsstraßen, donnern täglich dutzende Lkws, die Nachschub für internationale Truppen in Bagdad liefern. Derlei fällt für den kleineren Gegner natürlich weg. Seine Waffen stammen oft aus einfachen Beutezügen. Er muss keine Militärlager bewachen und nach dem Kampf geht er nach Hause und speist dort in Ruhe im Kreise seiner Angehörigen.

Ob und wie lange die Asymmetrie auch die Zukunft des Krieges ist, lässt sich aus heutiger Sicht schwer voraussagen. Fest steht, dass nach dem Fall des Eisernen Vorhanges auf der ganzen Welt Bündnisse entstanden sind, und auch, dass sich die Staaten größtenteils untereinander vertragen. Deshalb sieht es so aus, als würden sich konventionelle Armeen nicht mehr so schnell gegenüber stehen. Der asymmetrische Krieg lässt sich dabei nicht als eigenständiges Phänomen betrachten, er ist viel mehr die logische Folge einer historischen Entwicklung des Krieges. Ein Blick auf die Ursprünge des bewaffneten Konfliktes macht auch den Terror als komplexes Problem leichter verständlich. Hier ein kurzer geschichtlicher Abriss, der auch die Bedeutung der sozialen Komponente und das Entstehen einer breiten Mittelschicht für den militärischen Strategieverlauf zeigt.

Die erste Generation der Kriegsführung

Die erste Generation der Kriegsführung ist im 17. Jahrhundert anzusetzen, etwa zeitgleich mit der Erfindung des Schießpulvers, das große Anwendung auf den Schlachtfeldern fand. Nach und nach wurde ein ideologischer Wandel vollzogen, der Hand in Hand mit dem gedruckten Buch ging, dem höheren Alphabetisierungsgrad der Bevölkerung und der zunehmenden Diversifizierung und Spezialisierung am Arbeitssektor. Den erstarkenden Staaten, die vom aufkommenden Nationalismus profitierten, half das, als alleinige Kriegsherren in Erscheinung zu treten. Sowohl Landesfürsten als auch religiöse Institutionen waren damit auf einmal überfordert, und das nicht nur finanziell. Denn um eine Kanone auf einem Schlachtfeld aufstellen zu können, waren Kenntnisse der Chemie, Metallurgie, Ballistik und Produktion notwendig.

Mit den größeren Armeen wurden auch die militärischen Strukturen komplexer. Wehrdienst war plötzlich angesagt. Die einberufenen Fußsoldaten kamen aus der damals sehr breiten unteren sozialen Schicht, aber sie gehörten allesamt einem einzigen Land an, also demselben Volk. Um Befehle schneller zu den Empfängern zu bringen, aber auch um möglichen Befehlsverweigerungen vorzubeugen, entstand das strikte Schlachtensystem der Linien- und Kolonnenformationen: Eine Soldatenkolonne kniete, legte an und schoss. Hinter ihr lud eine zweite nach, um mit ihr Platz zu tauschen. Dahinter standen die Reiter. Der Feldherr saß in seinem Zelt oder, wie Napoleon, zu Pferd in sicherer Entfernung auf einem Hügel und beobachtete das Schauspiel mit dem für strategische Entscheidungen erforderlichen Interesse.

So marschierten die Armeen unaufhaltsam aufeinander zu. Sobald sich die Reihen dicht genug gegenüber standen, trieben die Reiter ihre Pferde in die feindlichen Linien und schlugen mit Säbeln zu, während die Fußsoldaten ihre Bajonette aufpflanzten. Die Soldaten kämpften bis zur Selbstvernichtung, wissend, dass sie getroffen werden und ihr Leben lassen, sowohl die erste Reihe, als auch die zweite. Auf die Idee, in Deckung zu gehen, kam damals niemand.

Kommando und Kontrolle über das Kriegsgeschehen oblagen einigen wenigen, die ihre Befehle per Flagge, Spiegel oder Läufer gaben. Das setzte einen starren Schlachtplan voraus, der keine schnellen Änderungen zuließ. Wenn eine Einheit eine plötzlich auftretende Schwäche in den gegnerischen Reihen entdeckte, half ihr das nichts. Sie konnte das nicht ausnutzen, da sonst alle anderen Verbände, die auf ihre Unterstützung bauten, plötzlich ungeschützt gewesen wären. Hielt ein Verband seinen Schlachtplan nicht ein, waren alle anderen dem Feind hilflos ausgeliefert.

Mit dem Beginn des amerikanischen Bürgerkriegs (von 1861 bis 1865) änderte sich diese Taktik. Die logistischen Anforderungen waren nicht mehr zu bewältigen. Außerdem nahm die Treffsicherheit der Waffen zu, und es hatte keinen Sinn mehr, die Soldaten in Linien- und Kolonnenformation auf einen Gegner zumarschieren zu lassen, der nur warten und den Abzug betätigen musste. Gleichzeitig wurde das Kommando dezentralisiert, denn mit der größeren Reichweite der Waffen war auch der Feldherrenhügel nicht mehr sicher.

Die zweite Generation der Kriegsführung

Sie begann mit dem amerikanischen Bürgerkrieg im 19. Jahrhundert und reichte über das Ende des Ersten Weltkriegs 1918 hinaus. Die Technologie wurde in dieser Phase ein wesentlicher Bestandteil der Kriegsführung. Eisenbahnen und Telegrafen ermöglichten eine schnelle Bewegung der Truppen und eine einfachere Koordinierung der Ressourcen über große Distanzen. Die Reichweite der Waffensysteme und ihre Zielgenauigkeit nahmen noch stärker zu. Die Truppen wurden über weite Gebiete verteilt, Erdwälle und die Ausnutzung von Geländeformationen verbesserten die Überlebenschancen der einzelnen Soldaten. Die Kommandostrukturen wurden flacher, taktische Entscheidungen wurden nicht mehr nur zentral, sondern auch vor Ort von einzelnen Kommandeuren getroffen. Entscheidend kam dabei hinzu, dass immer mehr Menschen mit besserer Bildung auf dem Schlachtfeld zu finden waren. Der soziale Faktor – die durch die industrielle Revolution wachsende Mittelschicht – veränderte das Schlachtfeld ebenso wie eine deutlich verbesserte Technologie. Mit der Mittelschicht wuchs auch das Offizierskorps der jeweiligen Armee. Die Oberschicht verlor ihren alleinigen Führungsanspruch. Plötzlich wollten die Menschen wissen, warum sie genau jetzt und genau diesen

Gegner angreifen sollten. Niemand fand sich mehr damit ab, einfach Kanonenfutter zu sein. Die Soldaten begannen zu denken. Strategie und Geschicklichkeit wurden immer gefragter. Man wollte taktisch klüger vorgehen und die eigenen Verluste reduzieren. Hinterhalte wurden gelegt, der Feind wurde jetzt umzingelt. In den Grabenkämpfen des Ersten Weltkriegs wurde zwar immer noch auf den Gegner eingestürmt, immerhin gab es aber auch optische Deckung, wie durch Rauchgranaten, mit denen dem Feind die Sicht genommen wurde.

Die Kontrollsysteme blieben jedoch noch kompliziert und schwer zu durchblicken. Die einzelnen Befehle und Unterstützungsanfragen wurden mal nach oben, mal nach unten, mal quer durch die jeweiligen Befehlshierarchien weitergegeben. Zwar gab es keine starren Schlachtpläne mehr, aber es kam zu Zeitverzögerungen, weil Befehlsketten eingehalten werden mussten. Viele Möglichkeiten, die Schwächen des Feindes auszunützen, wurden vergeben, weil die Truppen zu lange auf die Antworten ihrer Befehlsgeber warten mussten.

Ab dem Jahr 1917 setzte sich dann die sogenannte geschichtete Verteidigungstaktik durch. Die Artillerie konzentrierte sich auf die geschlagene Bresche, während mit der Eisenbahn aus anderen Sektoren Verstärkung geholt wurde, um die eigene Verteidigungslinie zu füllen oder eine andere zu öffnen. Die Verteidigung funktionierte damit schon sehr gut. Das hatte allerdings Nachteile für den Angriff, die erst in der dritten Generation des Krieges ausgemerzt werden sollten.

Die dritte Generation der Kriegsführung
1917 wurde den Militärstrategen klar, dass die Kommando- und Kontrollstrukturen im Angriff nicht ausreichten. Nach eini-

gem Experimentieren entstand als neue Strategie jene der Infiltration, auch bekannt als Sturmtruppentaktik. Deutschland perfektionierte diese Taktik, aber auch Kanada wandte sie an. Der Schlüssel lag in flacheren Befehlsketten und einem klaren Verständnis der Truppen über das eigentliche Ziel der Operation. Die kanadische Armee spielte wochenlang verschiedene Szenarien durch, bis jeder Einzelne seine Rolle beherrschte. Damit wuchs auch die Eigenverantwortung der Einheiten, was die sofortige Anpassung an unterschiedliche Situationen erlaubte. Die deutschen Heeresführer legten nur noch einen Schwerpunkt fest, beispielsweise die Einnahme eines Hügels als Hauptziel, und vertrauten dann auf ihre Kommandeure und einige Spezialeinheiten. Das erlaubte es allen Verbänden und Einheiten, bis hinunter zum einzelnen Soldaten, ihre Vorgehensweise dem Ziel gemäß der jeweiligen Situation anzupassen. Wie genau der Hügel schließlich eingenommen wurde, blieb den einzelnen Kommandierenden vor Ort überlassen. Mit der Eigenverantwortung stieg auch die Motivation der Soldaten. Diese militärische Entwicklung wurde nur durch eine noch breitere Mittelschicht möglich. Die Soldaten waren gebildeter, das soziale Kastenwesen war endlich durchbrochen und ein neuer Nationalstolz half, die Kämpfer stärker zu motivieren und die unterschiedlichen Taktiken umzusetzen. Die individuelle Feuerkraft wurde durch die Massenproduktion von Waffen und den Einsatz unterschiedlicher Waffensysteme wie Flammenwerfer, Mörser, leichte Maschinengewehre und leichte Artillerie gestärkt. Diese Waffensysteme konnten der jeweiligen Situation entsprechend sofort eingesetzt werden.

Die für diese Taktik erforderlichen hohen Kosten und die intensive Ausbildung haben Kanada nach dem Ende des Ersten

Weltkrieges allerdings dazu veranlasst, eine Kehrtwende zu vollziehen und sich von dieser Art der Kriegsführung zu verabschieden. Deutschland hingegen entwickelte sie noch weiter, obgleich nicht ganz aus freien Stücken: Die von den Siegermächten erzwungenen Verträge erlaubten nur noch eine kleine Armee. Ein mit schweren Waffen überflutetes Arsenal mit enormer Feuerkraft war nicht mehr erlaubt. Statt Quantität war Qualität gefragt. Deutschland führte deshalb ein neuartiges Kommandosystem ein, das Ressourcen koordinierte, Einheiten befehligte und genaue Zielvorgaben festsetzte. Es gab überhaupt keine starren Befehle mehr. Das Ziel war wichtig, der Weg dorthin zweitrangig.

Dadurch wurde mehr Spielraum für den taktischen Bereich geschaffen. Die Ressourcen ließen sich problemlos einsetzen und hin und her verschieben, je nachdem, ob gerade mehr Kraft in der Unterstützung oder im direkten Angriff benötigt wurde. Zusammen mit dem Einsatz von schwerem Gerät und einer starken Luftwaffe konnte effizienter als in den Jahrhunderten davor agiert werden. Die Einheiten reagierten schneller und waren flexibler. Das Maß an Intelligenz und Bildung, das den Soldaten abverlangt wurde, stieg zunehmend. Die deutschen Militärstrategen mussten nicht lange warten, um ihre neuen Konzepte in der Realität erproben zu können. Beim Material der Artillerie war Nazi-Deutschland seinen Gegnern im Zweiten Weltkrieg oftmals unterlegen, die Militärstrategen der Wehrmacht verbuchten leider dennoch erstaunlich viele Erfolge, die einzig auf ihr taktisches Geschick, sowie auf ihre Flexibilität auf dem Feld zurückzuführen waren.

Die dritte Generation des Krieges ist bei weitem die komplexeste und aus diesem Grund auch die teuerste Form der Kriegsführung. Das Material spielte eine große Rolle, aber längst nicht die wichtigste. Der Fokus lag auf der Ausbildung der Soldaten, die schon ein hohes Bildungsniveau und ein starkes Zusammengehörigkeitsgefühl mitbringen mussten. In der Folge setzten drei Armeen neue Maßstäbe hinsichtlich der Weiterentwicklung dieser Art der Kriegsführung: Die israelische Armee, die deutsche Bundeswehr und das US Marine Corps.

Die vierte Generation der Kriegsführung

Betrachtet man ein Heer der NATO, so fällt dort die erstaunlich hohe Zahl der Universitätsabsolventen auf. Auch die Ausbildung der Offiziere gilt in einigen Ländern schon als universitäres Studium. Darin drücken sich die hohen Anforderungen aus, die durch die vierte Generation des Krieges für ihre Akteure entstanden sind. Diese Generation ist durch die völlige Auflösung der starren Formationen gekennzeichnet. Vor Ort zu sein, auf einem Schlachtfeld, ist nur noch eingeschränkt notwendig. Heute wird eine Drohne per Fernsteuerung von Texas aus zu einem weit entfernten Ziel, etwa in Pakistan, gelenkt. Die NATO nimmt für sich in Anspruch, global tätig zu werden – ein weiterer Schritt in Richtung Auflösung der bisherigen Formationen.

Als Beispiel für das Ende aller vertrauten Strukturen des Krieges sei hier der Angriff auf Mumbai am 27. und 28. November 2008 durch pakistanische Attentäter genannt. Militär- und Nachrichtendienste bildeten die Kämpfer aus. Staatliche Institutionen, in diesem Fall vermutlich der pakistanische Geheimdienst, unterstützten sie bei dem geplanten Anschlag. Die Kommunikation erfolgte dabei über Satellitentelefone. Wenn die Attentäter den Wissensstand ihrer Gegner erfahren wollten, brauchten sie nur den Fernseher einzuschalten. Eine Handvoll

Kämpfer schaffte es so, eine Millionenstadt tagelang in Schach zu halten. Polizei- und Militäreinheiten sind in solch einer Situation machtlos, und wenn die Spezialtruppen – wie in diesem Fall – mehrere Flugstunden entfernt stationiert sind, können auch sie vorerst nichts ausrichten.

Die vierte Generation der Kriegsführung findet nicht mehr nur innerhalb eines Staates statt und die Kämpfer sind auch nicht mehr nur Bürger eines einzigen Landes. Ihr Zusammenhalt entsteht nicht aus einem nationalistischen Denken heraus, sondern hat einen religiösen, sozialen, politischen oder historischen Ursprung. Alter, Geschlecht und sexuelle Orientierung spielen eine untergeordnete Rolle – ganz im Gegensatz zu herkömmlichen Armeen, die ihre Regeln den gesellschaftlichen Normen unterordnen müssen. Die Kriegsführung der vierten Generation löst sich damit auch deutlich von ihrem Ursprung, der jahrhundertealten Guerillataktik. Sie bedient sich aber weiterhin ihrer Techniken, gepaart mit moderner Technologie, die heutzutage überall frei zugänglich ist. Allianzen bilden sich, wenn zwei Parteien in eine ähnliche Richtung tendieren, gleichgültig, welches endgültige Ziel sie dabei verfolgen. Wenn die Richtungen auseinanderklaffen, wird auch die Zusammenarbeit aufgelöst und jeder kämpft für sich alleine weiter oder geht neue Allianzen ein. Das Ergebnis ist ein sich ständig wandelndes Schlachtfeld mit ideologischen statt geografischen Grenzen.

Stellen wir uns kurz die Welt vor, wie sie war, bevor das Internet allgegenwärtig wurde. Ein einzelner Kämpfer hätte in so einer Welt lange suchen müssen, ehe er auf Gleichgesinnte gestoßen wäre. Durch seine Suche hätte er vermutlich die Aufmerksamkeit der Exekutive auf sich gezogen und wäre überwacht worden. Außerdem wären seine Aktivitäten geografisch sehr eingeschränkt geblieben. So ein Kämpfer hätte für einen Staat wohl keine große Gefahr dargestellt, außer er hätte es geschafft, seine Anliegen auf eine große Bühne zu bringen und damit die Aufmerksamkeit und die Sympathie einer großen Bevölkerungsschicht auf sich zu ziehen. Mit dem Internet haben sich für denselben Kämpfer ungeahnte Möglichkeiten eröffnet. Er findet nicht nur leichter Gleichgesinnte, sondern gleich ganze Organisationen, die seine Anschauungen vielleicht gar nicht zur Gänze teilen, aber dennoch ähnliche Ziele verfolgen und mit ihm ideologisch verwandt sind. Die Stärke so eines einzelnen Kämpfers kann sich durch die virtuelle Vernetzung unserer Zeit mitunter vertausendfachen. Das übersteigt die Möglichkeiten der alten Guerillakriegsführung, die geografisch ja immer stark eingeschränkt geblieben ist, um ein Vielfaches.

Ein wichtiger Faktor in der vierten Dimension der Kriegsführung ist die Zeit. Die Angreifer denken in Dekaden – im Unterschied zu den Staaten, die versuchen müssen, ihre Einsätze aufgrund öffentlicher Kritik und finanzieller Möglichkeiten möglichst kurz zu halten beziehungsweise sie nach wenigen Wochen gänzlich zu beenden. Die öffentliche Kritik und die hohen Ausgaben dienen dadurch dem Gegner als strategische Waffe. Er rechnet damit, dass ein Staat dem internen Druck auf Dauer nicht standhält. Die alte Binsenweisheit, dass ein Guerillakämpfer allein dadurch gewinnt, dass er am Leben bleibt, gilt auch hier: Je länger ein Konflikt andauert, desto höher sind die Chancen, dass ein Staat aufgrund sich ändernder politischer Konstellationen im Land seine Richtung überdenken muss. Die Terroristen können also wie eine Schlange vor dem Loch warten, und wenn die Maus den Kopf herausstreckt, unerbittlich zuschlagen. Wir, die Gesellschaft, die Einsatzkräfte, die

Behörden, werden in eine passive Rolle gedrängt. Uns allen sind weitgehend die Hände gebunden, wir können nur reagieren. Während die Terroristen reichlich Zeit haben und sich minutiös vorbereiten, wissen wir nicht, wann und wo sie zuschlagen werden, geschweige denn wie. Sie halten das Heft des Handelns in Händen. Jedes Mittel und jede Taktik ist den terroristischen Angreifern recht, um uns als ihren Gegner zu schwächen. Das heißt, dass sie nicht mehr zwischen militärischen und zivilen Zielen unterscheiden, oder vor Terrorattacken mit vielen tausenden Toten zurückschrecken. Grenzen können sich die Kämpfer nur selbst auferlegen: So etwa entschloss sich die IRA, die Zahl der zivilen Opfer einzuschränken. Um die vierte Dimension des Krieges besser verstehen zu können, empfiehlt sich ein kurzer Blick auf die verschiedenen Formen des Terrorismus.

Der konventionelle Terrorismus: Der konventionelle, aber auch der traditionelle Terrorismus vertrauen auf die mächtigste aller Waffen: die Angst in der Bevölkerung vor Anschlägen. Konventionelle Terroristen verwenden konventionelle Waffen und wenden diese auf herkömmliche Weise an: Sie bedrohen, zerstören, verstümmeln und töten mit Messern, Schusswaffen oder Bomben. Ein Terrorist dieses Typs gehört einer traditionellen Organisation an, etwa der IRA, der ETA, den Roten Brigaden oder früher der RAF. Das bedeutet auch, dass er an ein bestimmtes Gebiet oder ein bestimmtes Land gebunden ist, in dem er operiert. Seine Ziele sind klar definiert und reichen vom Kampf um die Unabhängigkeit einer bestimmten Region, wie das bei der IRA, der kurdischen PKK oder der ETA der Fall ist, bis hin zu einem größeren Stück vom Kuchen, zum Beispiel die Tuareg-Angriffe gegen die Uran-Minen in Niger oder das Movement for the Emancipation of the Niger Delta (MEND), das immer wieder Ölfirmen in Nigeria angreift. Der Terrorismus ist seit Jahrhunderten Teil der Geschichte des menschlichen Konflikts. Die Statistiken der vergangenen Jahre zeigen, dass die Zahl der Anschläge an sich zwar nicht wächst, die Zahl der Toten und Verletzten aber auf relativ hohem Niveau bleibt, woran sich auch in den kommenden Jahren nichts ändern wird.

Anzahl der weltweiten Terrorangriffe und der daraus resultierenden Verletzten und Toten im Jahr 2010:

Jän	Feb	Mär	Apr	Mai	Jun	Jul	Aug	2010
11	10	17	16	21	18	14	12	Terrorangriffe
107	46	129	211	143	46	263	67	Tote
118	166	303	506	207	100	1058	120	Verletzte

Weltweite Terroranschläge mit Fahrzeugbomben im Zeitraum 2001 bis 2009:

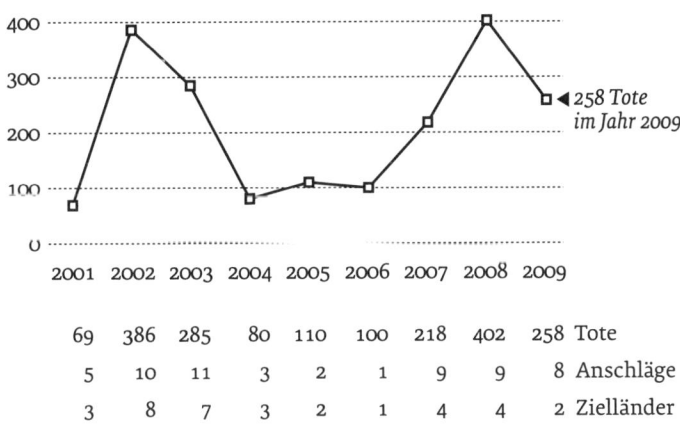

◀ 258 Tote im Jahr 2009

	2001	2002	2003	2004	2005	2006	2007	2008	2009	
	69	386	285	80	110	100	218	402	258	Tote
	5	10	11	3	2	1	9	9	8	Anschläge
	3	8	7	3	2	1	4	4	2	Zielländer

45

Bisher waren an die 300 verschiedene Gruppierungen in Terroranschläge auf der ganzen Welt verwickelt, Gruppierungen, die immer besser organisiert sind. Das nächste Kapitel enthält dazu eine Auflistung von Terrororganisationen aus verschiedenen Teilen der Welt.

Die Statistiken zeigen auch, dass sich der Terrorismus in den vergangenen Jahren sehr stark verändert hat. Zwar gibt es immer noch vereinzelt Anschläge, die dem konventionellen Bereich zuzuordnen sind. Die ETA ist zum Beispiel nach wie vor aktiv, auch die Nachfolgeorganisationen der IRA kämpfen weiter für die Unabhängigkeit Irlands von Großbritannien. Doch der Terrorismus, um den es jetzt zunehmend geht und der immer mehr Opfer fordert, ist der strategische. Die Unterscheidung zwischen den einzelnen Formen des Terrorismus ist von immenser Bedeutung, vor allem um einen Ausblick auf die Ereignisse zu geben, die Europa unmittelbar bevorstehen.

Der strategische Terrorismus: Das vorrangige Ziel der konventionellen Terroristen ist es, wie oben beschrieben, den Staat zu erpressen und der Bevölkerung damit zu zeigen, dass die Regierung kraftlos ist, ohne jede Macht und vor allem ohne die Fähigkeit, die Bürger zu schützen. Die Regierung soll auf die Forderungen der Terroristen eingehen, im Fall der spanischen ETA wäre das etwa die Errichtung eines eigenen Baskenstaates. Ihre Zielpersonen sind meist Teil des Establishments, das bekämpft wird. Die RAF als anderes Beispiel hat anfangs selbstgebastelte Bomben eingesetzt und später mit Maschinenpistolen gezielt getötet. Solche Aktionen benötigen für gewöhnlich keine besonders lange Planung und auch kein umfangreiches Waffenarsenal. Es gibt nur noch ein paar Dutzend terroristischer Organisationen, die auf diese Weise operieren. Seit einigen Jahren treibt der strategische Terrorismus sein Unwesen, der sich maßgeblich von seinem konventionellen Vorläufer unterscheidet. Sowohl seine Ziele, als auch Durchführung, Logistik, Vorbereitung, der Angriff selbst und seine Waffen sind ungleich komplexer. Gelingt strategischen Terroristen ein Anschlag, ist die Zahl der Opfer um ein Vielfaches höher, äußerst medienwirksam und mit vielfachen sozioökonomischen und politischen Auswirkungen verbunden. Die Anschläge auf das World Trade Center in New York und das Pentagon in Washington D. C. am 11. September 2001 sind ein Paradebeispiel für diese neue Art des Terrorismus. Erstmals war es den Attentätern egal, wie viele Menschen ums Leben kamen – im Gegenteil: je mehr, desto besser. Entsprechend erfolgreich konnten sie sich hinterher fühlen. Der konventionelle Terrorismus hielt die Zahl der zivilen und – aus seiner Sicht – unschuldigen Opfer noch so niedrig wie möglich. So sandte die IRA telefonische Warnungen kurz vor einem Terroranschlag an die Polizei, um eine Evakuierung des bedrohten Ortes zu ermöglichen. Denn der konventionelle Terrorist brauchte in vielen Fällen die Unterstützung der Bevölkerung, um seine politischen Ziele umzusetzen. Deshalb wollte er die Menschen mit blutrünstigen Attentaten nicht zu sehr schockieren.

Strategische Terroristen hingegen attackieren selbst Mitarbeiter der UNO und des Roten Kreuzes oder töten harmlose Touristen. Im April 2002 etwa rollte ein mit einem Gastank beladener Laster auf die jüdische Synagoge auf der tunesischen Ferieninsel Djerba zu. Die Synagoge war zu diesem Zeitpunkt gut besucht. Der Fahrer, ein Selbstmordattentäter der Al Kaida, sprengte sich vor der Synagoge in die Luft und riss 21 Menschen mit in den Tod. Darunter waren 14 deutsche Staatsbürger. Wie sich später herausstellte, war der zum Islam konvertierte Deutsche Christian Ganczarski in das Attentat involviert. Er wurde in der Folge zu achtzehn Jahren Haft verurteilt. Aber auch australische Touristen in Bali oder israelische Reisende in Mombasa waren bereits 2002 Ziele von strategischen Terroranschlägen.

Ein weiterer Unterschied zwischen konventionellem und strategischem Terrorismus liegt in der Tatsache, dass diese neuen Terroristen keinerlei Versuche unternehmen, mit den Entscheidungsträgern der Gegenseite zu diskutieren, beziehungsweise zu verhandeln. Sie warnen sie auch nicht, wie das vielfach vor Bombenanschlägen konventioneller Terroristen der Fall war, und sie haben auch kein Interesse, sich anschließend zu dem Attentat zu bekennen. Die Anschläge auf das World Trade Center waren eine Ausnahme. Osama bin Laden hatte sich nur kurz danach dazu bekannt, um sich mit den weitreichenden Folgen dieses Anschlages zu rühmen.

Die Menschen müssen akzeptieren, dass es täglich, zu jeder Uhrzeit und überall zu einem Terroranschlag kommen kann, und sie müssen endlich beginnen, die Terroristen ernst zu nehmen. Strategische Terroristen sind nicht ein paar Irre, die irgendwo weit weg agieren. Sie sind in den meisten Fällen akribische Denker, die ihr Ziel mit Leidenschaft und Intelligenz verfolgen und auf der ganzen Welt mit Gleichgesinnten bestens vernetzt sind. Strategische Terroristen sehen ihre Aufgabe darin, immer größeren Schrecken zu verbreiten und immer mehr Menschen in den Tod zu reißen. Das ist auch der Grund dafür, warum sich die Spirale der Gewalt in den nächsten Jahren immer weiter drehen wird. Bei 9/11 starben in New York, Washington D.C. und Pennsylvania insgesamt 2819 Menschen, 6291 wurden verwundet, mehr als je zuvor bei einem Terroranschlag. 9/11 wird damit auch als erster Akt des Katastrophenterrorismus in die Geschichte eingehen. Einige Zahlen, um die Dimension dieses Terroranschlages in New York besser verstehen zu können:

343	getötete Feuerwehr- und Rettungsmänner
60	getötete Polizisten
115	Nationen, die Bürger im Anschlag verloren
289	ganze Leichen
19.858	Leichenstücke
3.051	Kinder, die einen Elternteil verloren haben
1.506.124	Tonnen entferntes Abraummaterial
99	Tage, bis das Feuer am WTC vollständig gelöscht war
105.000.000.000	Dollar wirtschaftlicher Verlust in New York im ersten Monat nach dem Anschlag
600.000.000	Dollar Aufräumungskosten

Weitere Terrorakte werden folgen, und sie werden 9/11 noch überbieten. Wann, weiß niemand. Vielleicht morgen, vielleicht erst in einigen Jahren, aber dass es dazu kommen wird, ist sicher. Die Terroristen streben jetzt Opferzahlen an, die jene knapp 3000 Tote im World Trade Center bei weitem übersteigen werden. Zehntausend Menschen und mehr – sie arbeiten daran, um diese Zahlen zu erreichen. Der strategische Terrorismus wird damit zum Katastrophenterrorismus. Dieser operiert nach den gleichen Mustern wie der konventionelle und auch wie der strategische, mit dem großen Unterschied, dass seine Auswirkungen sehr viel verheerender sein werden. Sie werden alles bisher Bekannte in den Schatten stellen, denn erstmals werden die Terroristen dabei Massenvernichtungswaffen einsetzen.

Noch einmal: Niemand weiß, wann das zum ersten Mal geschehen wird. Es kann morgen passieren. Oder übermorgen. Oder vielleicht erst in ein paar Jahren. Fest steht jedoch, dass die Terroristen an den Plänen dafür schon arbeiten. Riesige Gebiete könnten im Zuge eines katastrophalen Terroranschlages durch radioaktive, biologische und chemische Waffen kontaminiert werden. Die Zerstörung der Infrastruktur wäre so enorm wie nach konventionellen Kriegen und die Opferzahlen werden früher oder später Dimensionen erreichen, wie wir sie bisher nur von Naturkatastrophen wie dem Tsunami 2004 oder vom Erdbeben in Haiti 2010 kennen. Gelingt es den Terroristen gleichzeitig, wichtige Teile der Infrastruktur lahm zu legen oder gar zu zerstören, etwa das Transportwesen, die Telekommunikation oder die Energiewirtschaft eines Landes, zieht das auch noch einen immensen wirtschaftlichen Schaden nach sich, der in die hunderte Milliarden Euro gehen kann.

Bisher gibt es nur zwei Organisationen, die kaltblütig genug sind, um Massenvernichtungswaffen einzusetzen. Eine davon ist die weltweit längst bekannte Al Kaida, eine andere die japanische Sekte Aum. Auf das Konto der gefürchteten Aum-Sekte geht ein heimtückisches Attentat, das weitaus fatalere Folgen hätte haben können und vergleichsweise glimpflich ausgegangen ist: Am Morgen des 20. März 1995 setzten mehrere Mitglieder der Sekte in der Tokioter U-Bahn das Nervengas Sarin frei. Nur aufgrund der stümperhaften Freisetzungsmethode des Sarin war die Opferzahl vergleichsweise gering: Zwölf Menschen starben bei dem Anschlag und mehr als 5000 weitere wurden teils schwer verletzt. Es war das erste Mal, dass eine Terrororganisation eine Massenvernichtungswaffe einsetzte. Bei den späteren Untersuchungen des Hauptquartiers der Sekte stellte sich heraus, dass die Polizei wohl zu lange gewartet hatte. Die Beamten fanden chemische Substanzen in einer Menge, die problemlos ausgereicht hätte, vier Millionen Menschen zu töten; außerdem wurden ein russischer Kampfhubschrauber, Ebola-Viren aus Zaire und ein riesiges Drogenlager entdeckt.

Die Attentäter waren zwar ideologisch hoch motiviert, auch strategisch sehr versiert, aber technisch zum Glück viel zu untalentiert gewesen, um dieses Attentat durchzuführen. Sie hatten das Sarin in Plastikbeutel gefüllt und dann Löcher hineingeschnitten, damit sich das Gift verteilt. Das hat natürlich nicht ausgereicht, um Sarin in einem größeren Luftvolumen zu verteilen. Hätten sie stattdessen aber einen Zerstäuber benützt und das Sarin auf diese Weise gleichmäßig in der Luft versprüht – die Opferzahl wäre sicherlich in die Zehntausende gegangen.

Auch Anschläge mit radioaktivem Material sind nicht so unwahrscheinlich, wie wir es uns gerne einreden würden. Hier hat es ebenfalls schon Versuche gegeben, und auch hier haben Tausende nur um Haaresbreite überlebt. So haben tschetschenische Rebellen versucht, schmutzige Bomben, also mit radioaktivem Material versetzten Sprengstoff, nahe einer Eisenbahnlinie zu zünden. Es mangelte ihnen zum Glück an technischem Geschick – ein Beweis für die ungeheure Skrupellosigkeit, mit der wir künftig rechnen müssen, war es dennoch.

Bei 9/11 haben die Terroristen durch die Verwendung von Zivilflugzeugen als fliegende Bomben auf perfide Weise ihre eigene Massenvernichtungswaffe geschaffen und damit gleichzeitig den größten je dagewesenen Selbstmordanschlag verübt. Erstmals wurden Flugzeuge nicht mehr nur entführt, um mit der Freilassung der Passagiere bestimmte Forderungen zu erzwingen. Die Flugzeuge und ihre Insassen wurden als sogenannte Waffen zur Massentötung (»weapons of mass killing«) eingesetzt.

Das Ereignis hat die Menschheit erschüttert und das Verhältnis zwischen der muslimischen und der westlichen Welt nachhaltig geschädigt. Es hat uns auch vor Augen geführt, dass niemand hundertprozentig geschützt ist. Niemand ist sicher. Terrorismus kann überall geschehen, mit allen Mitteln, auch mit solchen, mit denen wir nicht rechnen. Zum Beispiel mit Atombomben. Bisher ist es Terroristen nicht gelungen, einen derartigen Anschlag zu verüben. Doch die bisher entdeckten mehr als 25 Schmuggelfälle von waffenfähigem Nuklearmaterial zeigen, dass es künftig nicht ausgeschlossen werden kann, dass das dafür benötigte Material für sie verfügbar ist.

Weltweit entdeckte Schmuggelfälle von hochangereichertem Uran (HEU) und Plutonium von 1993 bis 2009 (Quelle: DSTO Datenbank, Universität Salzburg):

Vorfall	Datum	Ort	Menge	Material
Beschlagn.	24.05.1993	Vilnius (LIT)	150 g	HEU 50%
Beschlagn.	01.03.1994	St. Petersburg (RUS)	2972 g	HEU 90%
Beschlagn.	10.05.1994	Tengen-Wiechs (D)	62 g	Plutonium
Beschlagn.	13.06.1994	Landshut (D)	795 g	HEU 87,7%
Beschlagn.	25.07.1994	München (D)	24 g	Plutonium
Beschlagn.	08.08.1994	Flugh. München (D)	3634 g	Plutonium
Beschlagn.	14.12.1994	Prag (CZ)	2730 g	HEU 87,7%
Beschlagn.	01.06.1995	Moskau, Russland	1700 g	HEU 21%
Beschlagn.	06.06.1995	Prag (CZ)	415 g	HEU 87,7%

Beschlagn.	08.06.1995	Cesk. Budejovice (CZ)	169 g	HEU 87,7%
Beschlagn.	29.05.1999	Rousse (BUL)	10 g	HEU 72,7%
Diebstahl	01.12.2000	Karlsruhe (D)	1 g	Plutonium
Beschlagn.	16.07.2001	Paris (F)	5 g	HEU 72,6%
Beschlagn.	26.06.2003	Sadahlo (GRG)	170 g	HEU 89%
Verlust	2005	New Jersey (USA)	33 g	HEU
Verlust	24.06.2005	Fukui (JAP)	17 g	HEU
Beschlagn.	01.02.2006	Tiflis (GRG)	795 g	HEU 89%
Fund	30.03.2006	Henningsdorf (D)	475 g	HEU
Fund	05.10.2009	Dordrecht (NL)	—	HEU 42%
Beschlagn.	11.03.2010	Tiflis (GRG)	18 g	HEU 89%
Beschlagn.*	06.10.1992	Podolsk (RUS)	1500 g	HEU 90%
Beschlagn.*	29.07.1993	Andreeva Guba (RUS)	1800 g	HEU 36%
Beschlagn.*	28.11.1993	Sevmorput (RUS)	4500 g	HEU 20%
Verlust*	1996	Tomsk (RUS)	145 g	HEU 90%
Verlust*	1992–1997	Suchumi (GRG)	655 g	HEU 90%
Versuchte Entwendung*	1998	Chelyabinsk (RUS)	18500 g	HEU
Beschlagn.*	2000	Elektrostal (RUS)	3700 g	HEU 21%

Nicht offiziell bestätigt

Insgesamt wurden bisher also etwa 38 Kilogramm waffenfähiges Nuklearmaterial von Behörden beschlagnahmt. Dabei darf man sich von der relativ geringen Menge nicht täuschen lassen. Für eine primitive Uran-Bombe (HEU) benötigen Terroristen etwa 50 Kilogramm. Ein Schmuggler ist typischerweise nicht mit seiner gesamten gestohlenen Ware unterwegs auf der Suche nach einem Käufer. Meist wird – wie im Drogenhandel – nur eine kleine Probe des Materials einem Interessenten angeboten. Das bedeutet, es gibt vermutlich weit größere Mengen an derartigem Nuklearmaterial, die weiterhin irgendwo auf Lager liegen.

Würde eine solche Bombe in europäischen Metropolen wie London, Paris oder Berlin hochgehen, wären wir hoffnungslos überfordert. Je nach Sprengkraft der Nuklearbombe und Wetterlage würde innerhalb von Sekunden ein Feuerball alles im näheren Umkreis in Brand setzen. Glas, Stahl und Beton würden zu fliegenden Geschossen, die im Radius von hunderten Metern alles niedermähen würden. Dazu käme ein orkanähnlicher Sturm der Bäume entwurzelt und Menschen und Autos durch die Luft wirbelt. Der radioaktive Niederschlag würde einen kilometerbreiten Streifen der Verseuchung hinterlassen. Krankenhäuser im Nahbereich der Detonation wären schwer beschädigt, Ärzte und Schwestern würden selbst zu Opfern. Die Notlazarette und die Spitäler, die sich weiter weg befinden, wären mit der enormen Zahl an Verletzten überfordert. Darüber hinaus ist die medizinische Infrastruktur unzureichend darauf vorbereitet, tausende Menschen mit schwersten Verbrennungen und Strahlenschäden zu behandeln. Die Auswirkungen eines solchen Anschlages auf Gesellschaft und Umwelt lassen sich nicht einmal abschätzen. Nationale und internationale Helfer würden mindestens 24 Stunden und länger brauchen, bis sie einsatzfähig vor Ort wären. Der Hurrikan Katrina war ein negatives Beispiel dafür: Es hat Tage gedauert, bis die Hilfe in New Orleans wirklich gegriffen hat , obgleich Zeitpunkt und Ort des Eintreffens des Sturmes tagelang vorher bekannt war. Bei einem Atombombenanschlag, bei dem erst die Hilfskräfte vor der Strahlung geschützt und dementsprechend ausgerüstet werden müssen, würde es sogar noch viel länger dauern. Tausende würden in dieser Zeit ums Leben kommen.

Mit biologischen Massenvernichtungsmitteln im terroristischen Einsatz verhält es sich ganz ähnlich wie mit nuklearen. Bisher hat die Weltgemeinschaft keine Ahnung, wie sie sich im Falle einer biologischen Terrorattacke verhalten soll. Pocken etwa sind so gut wie ausgerottet, deswegen werden heute nur noch wenige Menschen dagegen geimpft. Pocken töteten eine halbe Milliarde Menschen, das sind dreimal mehr Opfer als Menschen, die in jedem Krieg im vergangenen Jahrhundert gestorben sind.Es existieren einerseits weiterhin Pockenkulturen – unter strengster Bewachung in ausgewählten Labors – in den USA und Russland; andererseits gibt es die Möglichkeit der Infektion mit menschlichen Affenpocken, wie es in den USA in 2003 geschehen ist. Eine Freisetzung des Pockenvirus in einer großen Stadt könnte tausende Menschen in kurzer Zeit infizieren. Binnen weniger Wochen würden hunderttausende Menschen daran erkranken. Die Pharmakonzerne müssten in kürzester Zeit eine riesige Menge an Impfstoff herstellen.

In einem sehr gut organisierten Gesundheitssystem, etwa in Deutschland oder Österreich, ließe sich die Krankheit möglicherweise eindämmen. Wir müssten uns aber dennoch der enormen logistischen Herausforderung bewusst sein: Sollte in Österreich ein Pockenfall auftreten, werden circa 8,3 Millionen Menschen innerhalb von fünf Tagen zu impfen sein. Dazu wären bundesweit etwa 330 Impfstätten erforderlich, in denen Ärzte täglich jeweils 5000 Personen immunisieren müssten – vorausgesetzt, Österreich hat genügend Impfstoff. Würden die Terroristen allerdings in unterschiedlichen Regionen der Welt mehrere derartige Anschläge zur gleichen Zeit ausführen, entstünde eine Pandemie mit hunderttausenden Toten. In den USA reichten einige Briefe mit Anthrax aus, um das Land in Panik zu versetzen, mit Massenimpfungen und Kosten in Millionenhöhe für die Aufräumarbeiten in den verseuchten Gebäuden.

Bleiben noch die chemischen Massenvernichtungsmittel. Auch hier sind die Möglichkeiten der Terroristen vielfältig. Wenn zum Beispiel aus einer Chemiefabrik große Mengen an Chlorgas freigesetzt werden und das auch noch in der Nähe einer großen Stadt, in Berlin oder Wien zum Beispiel, dann wären die Atemwege von einer guten Million Menschen verätzt. Je nach Wetterbedingungen wären die Auswirkungen auf eine bestimmte Region beschränkt. Die Schäden wären mit biologischen oder atomaren Anschlägen nicht zu vergleichen, trotzdem wären sie noch gravierend genug, wie der missglückte Sarin-Anschlag auf die U-Bahn in Tokio gezeigt hat.

Die Katastrophenterroristen, die 9/11 eines Tages überbieten werden, sind bereits geboren. Aber sie werden, und darin liegt ein schwacher Trost, ihre Massenvernichtungs- und Massentötungswaffen nur einsetzen, wenn sie keinen anderen Ausweg mehr sehen. Wenn sie sich nicht mehr ernst genommen fühlen und wenn sie ohnmächtig zusehen müssen, wie die westlichen Staaten immer noch ihre Brüder in Afghanistan und dem Irak töten. Wenn sie sich nicht mehr zu helfen wissen, dann wird sie zur Ultima Ratio greifen. Wir haben also, wenn man so will, noch eine gewisse Galgenfrist. Wie lang sie ist, werden wir sehen.

Im Vergleich zu ihren konventionellen Kollegen sind strategische Terroristen viel schwerer auszumachen. Traditionelle Terroristen verfolgen ein Ziel, das sie eingrenzbar macht. Diese Terroristen sind also einer bestimmten Volksgruppe zuzuordnen. Sie sind beispielsweise Basken, Kurden oder katholische Iren. Der strategische Terrorismus hingegen umfasst ein viel breiteres Spektrum an Personen, die sich dazu berufen fühlen können. Das reicht von religiösen Fundamentalisten bis zu politisch motivierten Sektenmitgliedern, die sich auf den Weltuntergang vorbereiten. Generell glauben diese Menschen, so wie die Mitglieder des Terrornetzwerks Al Kaida oder der japanischen Aum-Sekte, eine wichtige, moralisch hochstehende, Mission erfüllen zu müssen.

Schwer fassbar sind die strategischen Terroristen auch deshalb, weil sie die verdeckte Operation perfektioniert haben. Sie leben als Schläfer mitten unter uns. Sie gehen normalen Beschäftigungen nach, arbeiten oder studieren. Solche Schläfer vermeiden es tunlichst, unangenehm aufzufallen. Sie vermeiden auch die kleinsten Verstöße gegen das Gesetz, wie Strafzettel wegen Falschparkens oder Schnellfahrens. Sie beobachten die Menschen, unter denen sie leben und kopieren ihre Gewohnheiten, ihr Auftreten und ihre Kleidung. Als Unterkunft suchen sie sich eine Wohnung, in der sie ungestört ihren Vorbereitungen nachgehen können. Sie leben selten im Zentrum einer Stadt, sondern eher in einem Wohnviertel außerhalb, sind stets freundlich zu ihren Nachbarn, bleiben dabei aber höflich auf Distanz. Schläfer haben genügend finanzielle Ressourcen und zahlen, wenn es sich vermeiden lässt, nicht mit Kreditkarte, sondern in bar. Meist verändern sie die Schreibweise ihres Namens leicht, um nicht so einfach von computergestützten Suchprogrammen erfasst zu werden. Muss so ein Schläfer zum Beispiel ein Auto mieten, tut er das bei einer kleinen Firma, weil er seine Identität dort leichter verschleiern kann. Die Kommunikation mit seinem Auftraggeber erfolgt via E-Mail. Meist verwendet er dazu ein Internetcafé oder eine öffentliche Bücherei, selten benutzt er zweimal hintereinander denselben Ort. Post erhält er nie an seine Wohnadresse. Zu diesem Zweck mietet er oftmals ein Postfach. Muss er mit seinen Auftraggebern telefonieren, passiert das auf höchst komplexe Weise. Er verwendet statt eines Handys während eines einzigen Gesprächs bis zu zehn verschiedene, um Fragen und Antworten durchzugeben. Daten überträgt er meist über das Internet. Zu diesem Zweck versteckt er geheime Botschaften in öffentlichen Files, die irgendwo auf der anderen Seite der Erdkugel ausgewertet werden. Als Trägermedium verwendet er gerne digitalisierte pornografische Bilder oder Musik-Files, in denen die eigentliche Botschaft (etwa der Sitzplan eines Flugzeuges) kodiert versteckt ist. Mohammed Atta, einer der Attentäter des 11. September 2001, lebte auf diese Weise jahrelang unerkannt in Deutschland. Dort bildete sich um ihn jene Gruppe, die später als »Hamburger Zelle« bekannt wurde.

Doch bevor ein Schläfer zu einem solchen werden kann, muss ihn jemand rekrutieren und ausbilden. Eloquente, radikalisierte Imame in Moscheen und Kulturzentren können die Rattenfänger spielen. Sie erzählen allen, die es hören wollen, vom Heiligen Krieg, schwärmen ihnen vom Märtyrertum vor und von den Beglückungen im Paradies. Viele, vor allem junge Menschen, meist Männer, die verzweifelt ihren Platz in der Gesellschaft suchen, hören ihnen bereitwillig zu. Die radikalen Imame müssen sich nur noch die Willigsten und Geeignetsten aussuchen und mit ihrer Gehirnwäsche beginnen.

In vielen Büchern steht genau beschrieben, wie die Rekrutierung abzulaufen hat. Auch die Al Kaida selbst hat dazu mehrere Ratgeber verfasst. Die Wege der Akquisition sind verschieden, mitunter können auch das Fernsehen oder Videoclips im Internet eine Rolle spielen. Einige der Aspiranten der Al Kaida schauen sich bei schummrigem Licht zum Beispiel tage- und nächtelang Filme über den Jihad an. Dann beginnt die Abschottung von Familie und Freunden, die Prüfungen und die ersten Ausbildungsschritte, darunter Sicherheitsschulungen und Einführungen in die wichtigsten militärischen Kenntnisse. Irgendwann ist der Neuling bereit.

Die Möglichkeiten, einem Terrornetzwerk beizutreten, sind vielfältig. Immer mehr künftige Terroristen melden sich auf eigene Faust übers Internet. Zwar sind viele Webseiten der Al Kaida seit Jahren geschlossen. Aber mit etwas Geschick und einer arabischen Tastatur können sich Interessenten in Foren einklinken, in denen sie alles erfahren: wie sie zu einer Kalaschnikow kommen, warum der Jihad seine Rechtfertigung hat, wie sich eine Bombe aus Küchenutensilien herstellen lässt, und natürlich auch, wo sich der potenzielle Anhänger hinwenden muss, wenn er den Schritt vom Philosophieren zum Handeln wagen will. Auf einschlägigen Internetseiten werben die Terrornetzwerke für den Heiligen Krieg. Sie preisen dort die Gerechtigkeit der Sache und locken gleichzeitig mit guten Verdienstmöglichkeiten. Bis jetzt rekrutieren die Terrorgruppen vornehmlich junge Männer und Frauen, Kinder werden zum Großteil ausgespart. Ein neuer, beunruhigender Aspekt ist die Rekrutierung von geistig behinderten Menschen. Im Juli 2010 etwa setzte ein irakisches Netzwerk zwei Attentäter mit Down-Syndrom ein. 43 Menschen starben. Meistens, aber nicht immer, fischen die Terrorgruppen in den unteren sozialen Schichten. Nach dem Einsatz eines Attentäters ehren sie seine Familienmitglieder, deren soziales Ansehen damit steigt. Oft belohnen sie die Familie auch finanziell. Männlichen Selbstmordattentätern versprechen sie Jungfrauen im Paradies und weiblichen die

Vergebung von Sünden – wie vorehelichen Geschlechtsverkehr. Ausbildungslager, sogenannte Terrorcamps, gibt es unter anderem in Tschetschenien, Somalia, den Philippinen, Georgien, im Jemen, sowie in den Stammesgebieten in der Grenzregion zwischen Pakistan und Afghanistan. Leider sind bis dato nicht alle lokalisiert worden, vermutet werden noch eine Reihe weiterer Lager in anderen Teilen des Nahen und Mittleren Ostens. Vor dem Fall des Taliban-Regimes bildete die Al Kaida ihre Anhänger direkt unter den Augen der Taliban aus. Tausende Menschen aus der ganzen Welt durchliefen dort eine Terrorausbildung. Es stellt sich heute, fast zehn Jahre nach dem Fall der Taliban, die Frage, wo sich diese Personen befinden und ob sie vielleicht bald Schläferzellen bilden.

Das Training dauert für gewöhnlich sechs bis acht Monate, der Lehrplan ist breit gefächert. Er reicht vom Bau einer Bombe in einer Zigarettenschachtel oder in einer Pfeife über Fernzündungen aller Art, bis zu gefinkelten Tötungstechniken, verdeckten Ermittlungen, biochemischen Waffen, der Handhabung von radioaktivem Material und die Wahl des richtigen Terrorziels. Die Ausbildung dient dabei nicht nur dazu, den künftigen Terroristen das richtige Wissen nachhaltig einzutrichtern, sondern ihnen auch das nötige Selbstvertrauen und eine ordentliche Gehirnwäsche zu verpassen. Dabei zielen die Ausbildner direkt auf das Mitleid der Aspiranten ab: Sie müssen es durch geeignete Maßnahmen vollständig ausschalten. Schließlich darf der Terrorist nicht zögern, wenn er seinen Anschlag ausübt. Es muss ihm vollkommen gleichgültig sein, wenn er Unschuldige, darunter Frauen und Kinder, mit in den Tod reißt. Denn das ist, wie gesagt, der große Unterschied zwischen früheren Formen des Terrorismus und den aktuellen Entwicklungen:

Die Grausamkeit der Attentate hat völlig neue Dimensionen erreicht.

Strategische Terroristen verfolgen ein klar definiertes Ziel: Sie wollen das soziale Gefüge eines Staates durcheinander bringen. Sie wollen das Vertrauen der Bevölkerung in die Regierung oder, wie etwa im Irak, in die alliierten Kräfte erschüttern und deren Verhältnis zueinander nachhaltig schädigen. Die Grundfesten der Gesellschaft sollen wanken und die Bürger sollen darüber nachdenken, wofür ihre Gesellschaft steht. Angst soll sich in der Bevölkerung verbreiten: die Angst, das nächste Opfer zu sein. Die Ziele der strategischen Terroristen haben damit keinen lokalen Charakter mehr, sondern einen überregionalen und, wenn möglich, einen globalen. Al Kaida hat das mehrfach in Kommuniqués betont, in denen auch immer wieder spezifische Forderungen genannt wurden, zum Beispiel die Schließung aller amerikanischen Militärbasen in Saudi-Arabien oder die Unabhängigkeit für Palästina. Diese Botschaften enthielten auch immer den konkreten Auftrag an die einzelnen Kämpfer, der betroffenen Bevölkerung den größtmöglichen Schaden zuzufügen – etwa indem sie so viele Zivilisten und US-Soldaten wie möglich töten, wo immer sie gerade im Einsatz sind. Sie sollen den amerikanischen Interessen auf der ganzen Welt schaden, vom Fernen Osten über die Golfstaaten und Europa bis in die USA.

Die eindeutige Botschaft, die über Massenmedien, wie den Fernsehsender Al Jazeera und einschlägige Webseiten kommuniziert wird, ist der Hass auf Amerika. Sicherheitsexperten gehen davon aus, dass einige dieser Nachrichten verschlüsselte Botschaften für die Kämpfer über die bevorstehenden Anschlagsziele enthalten.

Strategischer Terrorismus zielt nicht nur auf das politische System ab, sondern auf alle Aspekte der als feindlich betrachteten Gesellschaft – speziell auf wichtige Teile der Infrastruktur, wie Massentransportmittel im Allgemeinen (U-Bahn, Eisenbahn, Autobus) und Fluggesellschaften im Besonderen. Er will den Energiesektor, die Kommunikationssysteme oder etwa den Finanzmarkt destabilisieren und dabei größtmöglichen wirtschaftlichen Schaden verursachen. Die direkten finanziellen Auswirkungen durch den Zusammenbruch des World Trade Centers etwa werden mit mehr als achtzig Milliarden Euro beziffert.

Klarer als alle anderen Anschläge haben die vom 11. September 2001 bewiesen, wie nachhaltig es den Terroristen gelingt, ihre Ziele zu erreichen. Die US-Regierung reagierte damals mit ungewohnter Härte. Am 12. September, dem Tag danach, rief Präsident George W. Bush den Krieg gegen den Terrorismus aus. In der Folge verstärkten zahlreiche Länder ihre Sicherheitsmaßnahmen massiv. Die Ausgaben dafür hatten jedoch negative Seiten, allen voran: Sie belasteten die staatlichen Budgets massiv. Dies ging zu Lasten von anderen Staatsausgaben, die eine höhere Produktivität und mehr Arbeitsplätze gebracht hätten. Ein kleines Beispiel für die enormen Kosten, die der Terrorismus verursacht: Zur 24-Stunden-Überwachung von nur siebzig Terrorverdächtigen sind laut dem deutschen Bundeskriminalamt zwischen 800 und 1000 Polizisten nötig. Kein Land kann diese Ressourcen auf Dauer stellen.

Ist durch katastrophale Anschläge das Klima der Angst erst einmal geschaffen, können Terroristen ein Land ganz einfach dadurch finanziell schwächen, indem sie die interne Kommunikation erhöhen, den sogenannten elektronischen Chatter, und dabei bevorstehende Terrorattacken erwähnen, die sie in Wirklichkeit gar nicht planen. Fluglinien wie Air France, British Airways oder Continental müssen deshalb immer wieder Flüge ausfallen lassen. Diese Situation verschlimmert sich noch, wenn Geheimdienstkreise, aus welchen Gründen auch immer, widersprüchliche oder falsche Informationen liefern oder vage Warnungen aussprechen. Der Flughafen Los Angeles hat einmal die ihm so entstandenen Kosten für den Zeitraum 21. Dezember 2003 bis 8. Januar 2004 beziffert: Es waren 3,8 Millionen Dollar. Wenn die USA die Sicherheitsstufe von Gelb auf die zweithöchste Stufe Orange setzen, kostet das die amerikanischen Steuerzahler gut eine gute Milliarde Dollar. Pro Woche.

Die strategischen Terroristen haben auch die persönliche Freiheit des Einzelnen im Visier, die sie mit ihren Attacken oder simplen Ankündigen von solchen in den vergangenen Jahren tatsächlich wirkungsvoll eingeschränkt haben. Anders ausgedrückt: Sie diktieren inzwischen, wie frei wir uns noch bewegen dürfen. Die USA haben bereits sechs Wochen nach dem 11. September 2001 strenge Anti-Terror-Gesetze erlassen: den Patriot Act, ein mehr als 700 Seiten umfassendes Dokument, durchgepeitscht durch Senat und Repräsentantenhaus innerhalb kürzestmöglicher Zeit – sodass manche Volksvertreter bekannten, es überhaupt nicht im Detail gelesen zu haben. Dieses Gesetz zur Bekämpfung des Terrorismus, erlaubt es den Behörden seither, tief in die Privatsphäre der US-Bürger zu blicken. Fluggesellschaften müssen die Daten ihrer Passagiere den US-Behörden bekanntgeben. Zu diesen Daten gehören die Namen aller Mitreisenden, sowie ihre genaue Adresse, die Telefonnummer und E-Mail-Adresse, die Sitznummer und der Ort im Flugzeug, die Zahlungsart, die Nummer und das Ablaufdatum der Kreditkarte, Informationen darüber, ob der Passagier spezielle Mahlzeiten bestellt hat, sowie 130 andere Details. Drei Jahre lang speichern die Behörden diese Daten. Gerade für die freiheitsliebenden Amerikaner wäre das früher undenkbar gewesen.

Viele Länder sind den USA gefolgt – oder besser gesagt: mussten ihnen folgen, um keine wirtschaftlichen oder politischen Strafaktionen durch die Amerikaner zu riskieren. So wurden auch in der EU strenge Anti-Terror-Gesetze erlassen, die es den staatlichen Behörden erlauben, finanzielle Transaktionen zu verfolgen oder ihre Bürger strenger elektronisch zu überwachen. Alles im Namen des Kampfes gegen Terrorismus, wie es zumindest heißt. Wie überzogen dabei vorgegangen wird, zeigt etwa die Einführung des österreichischen Anti-Terror-Paragrafen 278 b im Strafgesetzbuch. Er ist verwandt mit den Paragrafen 281 und 282, auf deren Basis in den 1990er-Jahren vielfach der »Aufruf zum Ungehorsam gegen Militärgesetze« geahndet worden war. Ein Gefährdungsdelikt gilt dabei nicht nur dann als begangen, wenn eine Schädigung eingetreten ist. Es reicht, wenn jemand schädigen wollte oder Handlungen setzt, die jemanden schädigen hätten können. Rechtsstaatlich bewegt sich die Justiz damit auf sehr dünnem Eis, weil eine objektive Einschätzung eines solchen Tatbestandes oft kaum machbar erscheint und damit auch der Willkür Tür und Tor geöffnet werden kann – was der Paragraf schon bewies, noch bevor er überhaupt Gesetzestext geworden war. Denn zum ersten Mal ernsthaft zur Diskussion stand er im Sommer 2010, als vier Studenten in Wien einen Mülleimer vor dem Arbeitsmarktservice anzündeten und dabei einen Sachschaden verursachten, der ein paar Tausend Euro kostete. Die Justiz erwog daraufhin ernsthaft, die Zündler nicht nur wegen Brandstiftung und Sachbeschädigung, sondern auch wegen Terrorismus anzuzeigen. Darauf hätten fünfzehn bis zwanzig Jahre Haft gestanden.

Der Druck, den die Terroristen auf die westlichen Länder insgesamt und zunehmend auf die europäischen ausüben, führt zu immer stärkeren Spannungen innerhalb der einzelnen Länder. Denn die Bürger werden immer weniger bereit sein, immer mehr Steuern zu zahlen, ohne dafür ein Mehr an Sicherheit zu bekommen. Wieder sinkt das Vertrauen in den Staat. Auch das Misstrauen verschiedener Bevölkerungsgruppen untereinander wächst, zwischen Reich und Arm, zwischen Beschäftigten und Arbeitslosen, zwischen Alt und Jung, oder zwischen Menschen mit und ohne Migrationshintergrund.

Zur Spaltung führt auch die Frage, wie viel Grausamkeit sich eine Gesellschaft erlauben soll und darf. Der ehemalige deutsche Verteidigungsminister Peter Struck wird heute noch mit dem Spruch zitiert: »Unsere Sicherheit wird auch am Hindukusch verteidigt.« Noch glaubt das ein Teil der deutschen Bevölkerung und nimmt dafür Militäreinsätze der eigenen Soldaten in heftig umkämpften Regionen wie in Afghanistan oder im Irak in Kauf. Schon jetzt stellt sich die Frage, wie lange eine zivilisierte Gesellschaft wie die deutsche, die den Frieden so sehr zu schätzen gelernt hat, bereit ist, bei gewaltsamen kriegerischen Operationen im Ausland mitzumachen, eigene Soldaten bei einem Auslandseinsatz zu opfern, und letztendlich dafür zusehends ins Visier des internationalen Terrors zu rücken – wie letzlich der deutsche Innenminister im November 2010 eingestehen musste, als er von einer ernstzunehmenden Terrorbedrohung Deutschlands durch indische und pakistanische Selbstmordattentäter warnte. An dieser Stelle sei auf das Dilemma hingewiesen, in dem sich die Sicherheitsorganisationen weltweit wiederfinden. Auf der einen Seite des Spektrums befinden sich die vorsichtigen Warner. Ihnen ist aufgrund nachrichtendienstlicher Informationen bekannt, dass demnächst etwas passieren könnte – nur wissen sie nicht genau wo und wann. Sagen sie der Bevölkerung nichts und es passiert ein Terroranschlag, werden sie von der Bevölkerung und den Medien dafür an den Pranger gestellt. Warnen sie öffentlich und dann geschieht nichts, werden sie wegen vermeintlicher Panikmache ebenfalls abgestraft. Am anderen Ende des Spektrums stehen jene, die stets betonen, alle Gefahren im Griff zu haben – bis dann eben doch etwas passiert. So etwa geschehen in London, als der Operational Security Manager für die London Underground, Geoff Dunmore, im Brustton der Überzeugung im März 2005 erklärte, es gebe »weit größere Risiken im Alltag, als die Wahrscheinlichkeit in einen Terroranschlag verwickelt zu werden«. In der Folge zählte er all die Sicherheitsmaßnahmen auf, die er und seine Organisation in Londons 400 Kilometer langer U-Bahn vorgesehen hätten, um einen Anschlag praktisch ausschließen zu können. Kaum vier Monate später, am 7. Juli 2005, wurden die bisher schwersten Terroranschläge auf die U-Bahn in London verübt.

Im Frühherbst 2009 wurde die Schmerzgrenze bereits überschritten. Damals bombardierten zwei amerikanische Flugzeuge zwei Tanklaster in der Nähe von Kundus in Afghanistan. 142 Zivilisten kamen dabei ums Leben. Die Bomber starteten auf Befehl eines deutschen Offiziers. Eine Fehleinschätzung hatte ihn dazu veranlasst. Zwar wurde der Offizier mit sofortiger Wirkung entlassen, doch die Aufregung in Deutschland ließ sich damit nicht besänftigen: Deutsche Soldaten, die nicht mehr nur aus Notwehr handeln, sondern direkte Tötungsbefehle geben – das gab es seit mehr als sechzig Jahren nicht mehr, also seit den

Gräueltaten im Zweiten Weltkrieg. Wie lange erträgt ein Rechtsstaat Vorgehensweisen bei der Bekämpfung des Terrorismus, zu denen die Entführung und Folter von Personen gehören? Murat Kurnaz etwa, ein Deutsch-Türke, wurde in Afghanistan gefangen genommen und, wie er selbst sagte, von deutschen Soldaten verhört, ehe er nach Guantanamo gebracht, dort gefoltert und fünf Jahre ohne Anklage festgehalten wurde.

Es sind ebensolche Praktiken, die im Widerspruch zu den Werten stehen, die sich Europa seit dem Ende der faschistischen Diktaturen mühsam erarbeitet hat und die unsere Gesellschaft heute prägen. Dürfen wir sie im Kampf gegen den Terror einfach über Bord werfen? Dürfen wir Menschen ohne Beweise, ohne Rechtsbeistand und in Aberkennung der internationalen Rechte von Gefangenen jahrelang einsperren, wie das in Guantanamo geschah? Die Staaten der Europäischen Union sind der Europäischen Menschenrechtskonvention beigetreten. Die darin enthaltenen Verbote von Folter und Tötung und das Recht auf ein faires Verfahren – all das sind Werte, auf die sich unsere Gesellschaft mühsam geeinigt hat, die jedem Europäer zustehen und die im Kampf gegen den Terror oft mit Füßen getreten werden. Lernt die Gesellschaft nicht, damit umzugehen, erreichen die Terroristen ihr wichtigstes Ziel: die totale Veränderung der sozialen Kohäsion.

Ein abschreckendes Beispiel für eine derartige Praxis, welche rechtstaatliche Prinzipien mit Füßen tritt, ist die Praxis der CIA, Terrorverdächtige beliebig im Ausland zu entführen (»rendition«), sie dann in ein Geheimgefängnis eines befreundeten Staates zu sperren und dort zu verhören. Ein Bericht des EU-Parlamentes zeigt, dass vierzehn europäische Staaten für Zwischenlandungen bei geheimen Überflügen verwendet wurden. So wurden etwa allein im deutschen Luftraum zwischen 2001 und 2006 mehrere hundert CIA-Flüge registriert, etwa im Dezember 2001 ein Gefangenentransport von Stockholm über Rügen-Hermsdorf nach Kairo. Einige EU-Mitgliedsstaaten, wie zum Beispiel Polen und Rumänien, werden verdächtigt, Standorte für derartige CIA-Geheimgefängnisse zur Verfügung gestellt zu haben.

Eine Lösung dieses Problems ist nicht in Sicht. Wir stehen ihm hilflos gegenüber. Wir fühlen uns überwacht, fürchten zu sogenannten »gläsernen Menschen« zu werden. Immer häufiger verraten die Staaten ihre auf Demokratie und Menschenrechten basierende Ethik. Terroristen müssen dafür nicht einmal einen Terroranschlag mit Massenvernichtungswaffen durchführen. Die bloße Möglichkeit, dass sie es tun könnten, reicht für die Behörden schon aus, um ihre Bürger stärker zu überwachen und sie in ihren Grundrechten zu beschneiden.

Der Staat verliert damit das Vertrauen als Institution und muss sich infrage stellen lassen, zumal der Unmut gegen ihn wächst. Irgendwann kann – und wird – sich das in Straßenprotesten entladen. In vielen europäischen Metropolen ist das längst der Fall. Man denke nur an Frankreich, an die vielen Bewohner mit Migrationshintergrund in den Pariser Vororten und Randbezirken, die regelmäßig gegen das System wettern und dagegen gewaltsam vorgehen, etwa indem sie Autos anzünden und Straßenschlachten beginnen.

Ein Beispiel, wie hinterhältig der Terrorismus das Vertrauen in den Staat erschüttern kann, sind Kindersoldaten. In unserer Gesellschaft ist der Einsatz von Kindern beim Militär zu Recht verpönt. Bis wir zu dieser Einsicht gelangt sind, war es allerdings ein langer Weg. Zuvor kamen Halbwüchsige in vielen

Kriegen zum Einsatz, etwa im Dreißigjährigen Krieg, im amerikanischen Sezessionskrieg und im Zweiten Weltkrieg, etwa in Russland. Auch Adolf Hitler berief 1944 den Jahrgang 1929 als letztes Aufgebot ein. Doch in unserem Jahrhundert sollen Kinder nicht mehr an der Waffe dienen. Durch das Zusatzprotokoll zur Genfer Konvention 1977 ist der Einsatz von Kindern unter 15 Jahren als Kombattanten generell verboten. Das heißt nicht, dass Kinderbanden nicht weiterhin marodierend durch den afrikanischen Busch ziehen und sich mit Rebellengruppen blutige Kämpfe liefern. Unter Drogen gesetzt und geschult sind sie gute Kämpfer, die das tun, was man ihnen sagt. Sie sind willige Soldaten, die nicht viel kosten. Doch moderne Terroristen bedienen sich eines anderen Ansatzes: Sie setzen Kinder und Frauen nicht deshalb ein, weil sie sich als Kämpfer besonders hervorgetan hätten. Sie setzen sie ein, weil sie für mehr mediale Aufmerksamkeit sorgen. Viel wurde berichtet über Wafa Idris, jene 27-Jährige, die sich als erste Frau während der Zweiten Intifada in Israel in die Luft sprengte. Über ihre Motive und Ziele wurde medial ausführlich spekuliert. Der islamische Jihad hatte schnell erkannt, dass sich mit Frauen eine hohe mediale Aufmerksamkeit erzielen lässt und hat begonnen, Frauen zu rekrutieren und mit einem Sprengstoffgürtel in den Krieg zu schicken, wie etwa die Schwarzen Witwen auf Seiten der tschetschenischen Terroristen. Im nächsten Schritt sind dann die Kinder dran. Denn je stärker Terroristen die konventionellen Normen verletzen, desto erfolgreicher sind sie. So haben Palästinenser im Kampf um die Unabhängigkeit auch schon mal ein Kind mit einem Sprengstoffgürtel ausgestattet. Passiert ist allerdings nichts. Das Kind fing an zu weinen und wurde von den israelischen Soldaten, die es abfingen, verschont.

Die mediale Relevanz ist ein wesentlicher Teil des terroristischen Kalküls. Je brutaler ein Terroranschlag erfolgt, desto mehr Aufmerksamkeit ist die Folge. Werden Frauen und Kinder als Selbstmordattentäter eingesetzt, kann die Terrorgruppe darauf bauen, dass die Medien breit darüber berichten. Und vor allem: Indem sie die alten Normen über Bord werfen und Kinder zu willfährigen Tätern und Opfern machen, machen sie auch klar, dass der Staat nicht einmal mehr für die Sicherheit der Verwundbarsten sorgen kann.

Die Globalisierung des Terrorismus

Nachstehende Tabelle gibt einen Überblick über die derzeit von europäischen Staaten als Terrororganisation eingestuften Gruppierungen (Stand November 2010):

Abu Nidal, *international*
Abu Sayyaf Group, *Philippinen*
Al-Aqsa e.V., *Palästina, Deutschland*
Al-Aqsa Martyrs Brigade, *Palästina*
al-Gama'a al-Islamiyya, *Ägypten*
Al Ghurabaa, *Großbritannien*
Al Ittihad Al Islamia, *Somalia*
al-Qa'ida (Al Kaida), *international*
Al-Shabaab, *Somalia*
Ansar al-Islam, *Irak, Kurdistan*
Ansar al-Sunna, *Irak*
Armed Islamic Group, *Algerien*
Asbat al-Ansar, *Libanon*
Aum Shinrikyo, *Japan*
Babbar Khalsa, *Indien*
Communist Party of the Philippines / New People's Army,
    Philippinen
Continuity Irish Republican Army, *Nordirland*
Cumann na mBan, *Nordirland*
Egyptian Islamic Jihad, *Ägypten*
Euskadi ta Askatasuna, *Spanien*
Fianna na hÉireann, *Nordirland*
Gama'a al-Islamiyya, *Ägypten*

GRAPO, *Spanien*

Great Eastern Islamic Raiders' Front, *Türkei*

Hamas, *Palästina*

Harakat-ul-Jihad-ul-Islami, *Pakistan, Bangladesch, Indien*

Harakat ul-Mujahidin, *Pakistan*

Hizbul Mujahideen, *Indien*

International Sikh Youth Federation, *Großbritannien, Indien*

Irish National Liberation Army, *Nordirland*

Irish People's Liberation Organisation, *Nordirland*

Islamic Army of Aden, *Jemen*

Islamic Jihad Union, *Usbekistan*

Islamic Movement of Uzbekistan, *Usbekistan*

Jaish-e-Mohammed, *Pakistan*

Jamaat Ul-Furquan, *Pakistan*

Jamaat-ul-Mujahideen Bangladesh, *Bangladesch*

Jemaah Islamiya, *Südostasien*

Kach and Kahane Chai, *Israel*

Khuddam ul-Islam, *Pakistan, Indien*

Kurdistan Freedom Falcons, *Türkei, Irak, Kurdistan*

Kurdistan Workers' Party (Kongra Gel), *Türkei, Irak, Kurdistan, Iran, Syrien*

Nucleo di Iniziativa Proletaria Rivoluzionaria, *Italien*

Lashkar-e-Toiba, *Pakistan*

Lashkar-e-Jhangvi, *Pakistan*

Libyan Islamic Fighting Group, *Libyen*

Loyalist Volunteer Force, *Nordirland*

Moroccan Islamic Combatant Group, *Marokko*

National Liberation Army, *Kolumbien*

Nuclei Armati per il Comunismo, *Italien*

Nuclei di Iniziativa Proletaria, *Italien*

Nuclei Territoriali Antimperialisti, *Italien*
Orange Volunteers, *Nordirland*
Palestine Liberation Front, *Palästina*
Palestinian Islamic Jihad, *Palästina*
Popular Front for the Liberation of Palestine (PFLP), *Palästina*
PFLP-General Command, *Palästina*
Real IRA, *Nordirland*
Red Brigades (Brigate Rosse), *Italien*
Red Hand Commando, *Nordirland*
Red Hand Defenders, *Nordirland*
Revolutionary Armed Forces of Colombia, *Kolumbien*
Revolutionary Nuclei, *Griechenland*
Revolutionary Organization 17 November, *Griechenland*
Revolutionary People's Liberation Party / Front, *Türkei*
Revolutionary Struggle, *Griechenland*
Saor Éire, *Irland*
Saviour Sect, *Großbritannien*
Shining Path, *Peru*
Sipah-e-Sahaba Pakistan, *Pakistan*
Stichting Al Aqsa, *Palästina, Niederlande*
Takfir wal-Hijra, *Ägypten*
Tehreek-e-Nafaz-e-Shariat-e-Mohammadi, *Pakistan*
Ulster Defence Association, *Nordirland*
Ulster Volunteer Force, *Nordirland*
United Self-Defense Forces of Colombia, *Kolumbien*
Vanguards of Conquest, *Ägypten*
World Tamil Movement, *Sri Lanka*

Wir müssen uns von der Idee verabschieden, dass irgendwo
in einer Höhle in Pakistan ein grimmig blickender Osama bin

Laden seine Schergen aussendet. Seit einem Jahrzehnt suchen ihn die USA bereits intensiv, haben ein Kopfgeld von fünfzig Millionen Dollar auf ihn ausgesetzt und mittlerweile dürften sie jede Höhle durchkämmt haben – ohne jede Spur von ihm. Der aus Saudi-Arabien stammende Bin Laden gründete in den 1980er Jahren vermutlich genau dort, wo er sich jetzt angeblich aufhält, seine »Basis«, wie »Al Kaida« wörtlich übersetzt heißt. Zuerst waren es Anschläge auf US-Botschaften und die USS Cole, einen der modernsten Zerstörer der US-Navy, die Bin Laden mit seiner Gruppe zum weltweiten Synonym für Terrorismus machten. Spätestens seit den Terroranschlägen vom 11. September 2001 kennen ihn ebenso viele Menschen wie den amerikanischen Präsidenten. Nicht nur seine Bekanntheit ist global, auch sein terroristisches Netzwerk umspannt längst die ganze Welt. Auch in Europa sitzen seine Sympathisanten und feilen an Terroranschlägen. Aber nicht nur Bin Laden steht für einen globalen Terrorismus, auch andere Größen seines Netzwerkes haben das geschafft oder sind im Begriff, es zu schaffen. Trotz der vielen Millionen Kopfgeld wird seit 2001 erfolglos nach ihm gefahndet. So auch im Falle von Bin Ladens Stellvertreter Aiman al-Sawahiri. Er soll das eigentliche Mastermind hinter den Anschlägen vom 11. September gewesen sein. Auch nach ihm, dem ehemaligen Augenarzt, fahnden die meisten Geheimdienstorganisationen dieser Welt. 25 Millionen Dollar sind auf seinen Kopf ausgesetzt. Aiman al-Sawahiri soll sich irgendwo in den afghanischen Bergen verschanzen. Anders als bei Bin Laden gilt es bei ihm jedoch als gesichert, dass er noch lebt. Laufend tauchen Videobotschaften auf, in denen er spricht. Eine stammt vom September 2010. Sawahiri wirbt darin für seine Organisation.

Es sind aber nicht nur die Akteure der arabisch-afghanischen Achse, die den weltweiten Terrorismus prägen. Die Al Kaida ist seit kurzem auch in Afrika sehr aktiv, und unter den neuen Gesichtern des globalen Terrors finden sich jetzt immer mehr Afrikaner. Die Teilorganisation im islamischen Maghreb, von der später noch ausführlicher die Rede sein wird, kontrolliert mittlerweile einen großen Teil der Terroraktivitäten in Nordafrika. Zu Geld kommt sie durch Entführungen in Algerien, Tunesien, Mali und Mauretanien. Außerdem mischt sie gemeinsam mit anderen Organisationen bei den Schiffsentführungen vor dem Horn von Afrika mit. Die EU hat eigens dafür die Operation Atalanta ins Leben gerufen und zur Sicherung eines reibungslosen Schiffsverkehrs ihre Kreuzer in die Region entsandt – bisher mit mäßigem Erfolg. Als Kopf der Al Kaida und damit als eines der neuen Gesichter des globalen Terrors tut sich dort der Libyer Abu Jahja al-Libi hervor. Der Islamtheologe war zuvor in Pakistan gefangen genommen und drei Jahre im afghanischen US-Gefängnis Bagram festgehalten worden. Ein anderes aus Afrika stammendes neues Gesicht des Terrors ist Khalid al-Habib. 2005 war er erstmals der Star in einem Al-Kaida-Video, seit 2008 gehört er zum inneren Kreis. Laut US-Angaben dürfte er für die innere Organisation verantwortlich sein. Woher genau er stammt, weiß niemand. Der dritte Afrikaner in einer Spitzenposition der Al Kaida ist der Ägypter Saif al-Adel. Er ist Bin Ladens Sicherheitschef. Sein Vorgänger in dieser Funktion flüchtete nach den Anschlägen auf das World Trade Center vorerst in den Iran.

Auch Vertreter des Westens rücken immer weiter in die Kernzone der Al Kaida und werden damit zur »Terrorprominenz«. Wie wir später sehen werden, treten zudem immer mehr

Personen aus unserem eigenen Kulturkreis dem Terrornetzwerk bei. Einige von ihnen haben es schon weit nach oben geschafft. Ein Beispiel dafür ist Adam Gadahn. Der Kalifornier konvertierte als Jugendlicher zum Islam und fuhr später zur Terror-Ausbildung nach Pakistan. Rasch machte er Karriere und wurde zum Al-Kaida-Chef für Propaganda im Westen. Unter anderem war sein Gesicht in mehreren Videos zu sehen, in denen er Amerika vor dem Terror warnte. Eine Million Dollar haben die USA auf seinen Kopf ausgesetzt. Adnan al Schukridschumah ist ebenfalls dieser Gruppe der neuen Terror-Gesichter zuzurechnen. Er stammt ursprünglich zwar aus Saudi-Arabien, lebte aber mehrere Jahre in den USA, ehe er sich ebenfalls in Afghanistan in einem Terrorlager zum Mörder ausbilden ließ.

Womit es nicht mehr lange dauern wird, bis sich unter den Drahtziehern des internationalen Terrorismus auch Europäer finden werden. Denn auch am Alten Kontinent sympathisieren immer mehr Menschen mit der Al Kaida. Die kontinentalen und nationalen Grenzen im Krieg gegen den Terrorismus fallen nicht erst damit endgültig weg. Die Grenzenlosigkeit ist, wie schon gesagt, der zentrale Unterschied zwischen dem konventionellen und dem strategischen Terrorismus. Schon damals ist es der RAF gelungen, sich über die Grenzen Deutschlands hinaus zu bewegen, damals, als das Kommando Holger Meins 1975 die deutsche Botschaft in Stockholm stürmte und die Beamten dort als Geiseln nahm.

Rekrutiert wird heute längst weltweit. Vor dem 11. September 2001 hatte die Al Kaida ihre Schläfer in mehr als sechzig Ländern, von Australien über Südamerika, Afrika und natürlich in Europa. In ihrem Bemühen, den Jihad nach Europa zu exportieren, hat sich ein internationales Netzwerk von Anwerbern gebildet. Die Schaltstelle ist mittlerweile Großbritannien, wo bisher schon Briten, Albaner und Schweizer als künftige Terroristen angeworben wurden. Die Werber suchen vor allem intelligente und gut gebildete Menschen, die für sie in den Krieg ziehen. Auch in Frankreich wird fleißig geworben, dort in erster Linie für den Krieg in Tschetschenien. In Polen, Bulgarien, Rumänien und in der Tschechischen Republik bilden sich neue islamistische Terrorzellen heraus. In Bosnien-Herzegowina und dem Kosovo werden junge Muslime von der mit saudischen Mitteln finanzierten Wahhabi-Bewegung angeworben, einer konservativen und dogmatischen Richtung des sunnitischen Islams. Selbst in amerikanischen Gefängnissen werden Kämpfer angeworben, hauptsächlich durch radikale Prediger, die bis vor kurzem unkontrolliert Zugang zu den Justizanstalten hatten. Dadurch könnten selbst auf Militärstützpunkten innerhalb der USA Offiziere zu Terroristen konvertieren und die Waffe gegen ihre Kameraden richten. Dies zeigte sich auf tragische Weise bei den Massenerschießungen, die am 5. November 2009 in Fort Hood, dem bevölkerungsreichsten US-Militärstützpunkt der Welt, stattfanden: Nidal Malik Hasan, ein in den USA geborener Muslim palästinensischer Herkunft, erschoss dreizehn Menschen und verwundete dreißig.

Rekrutierungsmaßnahmen finden zweifellos am stärksten in Ländern mit instabilen Regierungen statt, etwa im Nahen Osten oder in Nordafrika. Aber auch in Italien wurde unlängst ein internationaler Werberring, bestehend aus fünf Männern und Frauen, ausgehoben, die sich darauf spezialisiert hatten, Selbstmordattentäter zu rekrutieren. Die Hautfarbe des Terroristen hat sich also schon geändert und ändert sich immer mehr. Wir sprechen deshalb mittlerweile auch von der »Weißen Al Kaida«.

Im Augenblick scheint es, als hätten sich große Teile der muslimischen Welt gegen die USA verschworen, und damit – aufgrund der politischen Nähe zu den USA – auch gegen Europa, und sie greifen Amerikaner wie Europäer sowohl von außen als auch von innen an. England und Spanien sind schon lange im Visier der Terroristen, Deutschland hat sich durch seinen Einsatz in Afghanistan exponiert und könnte bald zum nächsten Ziel werden. Die Globalisierung durchdringt bereits alle Facetten des Terrors. Die Terroristen sind heute durch moderne Kommunikationsmittel global vernetzt und damit auch global motiviert. Dieses internationale Netzwerk hat keine festen Strukturen mit einem fix eingerichteten Hauptquartier und verschiedenen Untergruppen in unterschiedlichen Ländern, die dort auf ihre Einsatzbefehle warten. Stattdessen bilden sich ständig neue Allianzen. Al Kaida dient dabei als ideologischer Überbau für andere Organisationen, etwa in Indonesien oder Spanien. Die Organisationen, etwa die genannte Al Kaida im Maghreb oder jene auf der arabischen Halbinsel, agieren nach einer Art Franchise-System: Sie verwenden den Namen, weil sie wissen, dass er Schrecken bedeutet. Sie nutzen die eingeführte Marke, weil nichts eindeutiger für den strategischen Terrorismus steht. Die ursprüngliche Al-Kaida-Organisation steht manchmal noch hilfreich zur Seite und unterstützt die einzelnen Gruppen in Sachen Logistik oder bei der Finanzierung. Die Allianzen, die sich dabei bilden, sind nicht von Dauer, sondern bestehen nur für die Zeit der gemeinsamen Operation. Weil die Ziele und Fähigkeiten der einzelnen Organisationen zu verschieden sind, zerfallen diese Allianzen meist schon nach einer Operation wieder. Wir wissen, dass diese Netzwerke an Konzepten für konzertierte Anschläge arbeiten, die ebenso global sind wie ihre eigene Struktur. Sehen wir uns als Beispiel einen Anschlag auf einen amerikanischen oder einen deutschen multinationalen Konzern an. Für die Terroristen ist er interessant, weil er Niederlassungen auf der ganzen Welt hat und sie so einen Konzern lieber angreifen als die Soldaten am Hindukusch, die für den Krieg gerüstet sind, mit aller Gewalt zurückschlagen und ihre Bomben auf die Familien der Terroristen regnen lassen können. Präzise abgestimmt schlagen die Angreifer in diesem Szenario zur gleichen Zeit zu. Terrorkommandos dringen in die Zentralen der Niederlassungen, zum Beispiel des Volkswagen-Konzerns in Deutschland, Spanien, England oder in Argentinien ein, überwältigen die Wachmannschaften und entführen den jeweiligen Vorstandsvorsitzenden. In Argentinien ist das derzeit der ehemalige österreichische Bundeskanzler Viktor Klima, womit ein weiteres Land in den Krieg hineingezogen wäre. Der Druck auf die Regierungen in den betroffenen Ländern wäre enorm.

Wir wissen mittlerweile, dass die Terroristen ihre Anschläge global wählen und minutiös planen. Wen oder was der nächste Anschlag trifft, lässt sich allerdings nie genau voraussagen. Die potenziellen Ziele lassen sich hingegen relativ gut benennen und nach der Attraktivität für Terroristen reihen. Außerdem kann für jedes Ziel eine Bedrohungsanalyse erstellt werden. Darin steht, wie Terroristen angreifen würden und welche Sicherheitskonzepte sich dafür empfehlen. Die Liste ist relativ leicht zu erstellen. Denn Terroristen wählen ihre Ziele nach ihrem politischen, wirtschaftlichen, strategischen und symbolischen Wert aus. Das World Trade Center in New York stellte das finanzielle Nervenzentrum der größten westlichen Nation dar und das Pentagon repräsentierte die militärische Stärke der einzigen verbliebenen Supermacht. Potenzielle Ziele könnten also sein: nationale Wahrzeichen, wie das Brandenburger Tor in Deutschland, der Eiffelturm in Paris oder der Stephansdom in Wien, sowie militärische und politische Zentren und Einrichtungen, große internationale Tourismus- sowie Finanzzentren, die Schlüsseleinrichtungen der Infrastruktur eines Landes, Botschaften, Brücken und Tunnel, die in eine große Stadt führen, Orte der Massenunterhaltung, strategische Bauten, wichtige Ministerien (wie das Verteidigungs- und Innenministerium), Bahnhöfe, Flugplätze oder Häfen, wichtige Grenzübergänge sowie Radio- und Fernsehstationen mit einer großen landesweiten Hörerschaft.

Unter den großen Zielen besteht ein hohes Risiko für die Schifffahrtsindustrie. Die ehemalige Untergrundbewegung »Tamil Tigers« in Sri Lanka hatte 3000 sogenannte »Meerestiger« ausgebildet, die in der Lage waren, Wasserminen zu setzen und schnelle Fiberglasboote mit Maschinengewehren gegen große Frachter einzusetzen. Auch nach dem tamilischen Befreiungskampf stellen sie – oder zumindest ihr Knowhow – eine Bedrohung dar, die sehr ernst zu nehmen ist. Denn in zwanzig Jahren Krieg ist es den Tamil Tigers gelungen, etwa ein Drittel der Marine Sri Lankas zu zerstören. Einige ihrer sehr erfolgreichen Strategien könnte die Al Kaida im Zuge eigener Schulungen übernommen haben, etwa wie man Schiffe kapert, Mannschaften entführt oder sich als Sporttaucher unter Wasser einem Hafen nähert und dort einen Anschlag ausführt.

Man stelle sich vor, der Hamburger Hafen wird von Terroristen angegriffen. Die Terroristen könnten sich unter Wasser nähern. Oder sie könnten einen Supertanker mit einem kleinen, mit Dynamit beladenen Boot rammen und ihn so zur Explosion bringen. Welche Angriffsart auch immer letztlich gewählt würde, ein Supertanker, der dort vor Anker liegt, würde in die Luft gesprengt. Die Folgen wären verheerend. Oder sie kapern gleich einen Tanker, der mit Flüssiggas beladen ist und steuern ihn in den Hamburger Hafen, wo sie ihn in die Luft jagen. Die Sprengkraft so einer Explosion wäre vergleichbar mit der einer primitiven Atombombe. Terroristen könnten auch einen der zehntausenden Container, die jeden Tag auf den Weltmeeren verschifft werden, mit einer primitiven Nuklearwaffe beladen und diese beim Entladen im Zielhafen per Fernzündung zur Explosion bringen. Noch einfacher wäre es für Terroristen, mit einem mit Sprengstoff voll gepackten Schnellboot ein großes Kreuzfahrtschiff wie die deutsche Aida zu rammen und hunderte Passagiere in den Tod zu reißen.

Nicht einmal die USS Cole, einer der modernsten amerikanischen Zerstörer, war vor einem terroristischen Anschlag gefeit. Im August 2000 machte sie sich auf eine Reise in den Nahen Osten. Im Oktober erreichte sie die Hafenstadt Aden im Jemen und legte dort an. Obwohl sie im geschützten Teil des Hafens betankt wurde, gelang es einem kleinen Boot mit zwei Terroristen an Bord, das Schiff zu rammen und ihren mitgeführten Sprengstoff hochzujagen. Die Explosion riss ein neun mal zwölf Meter großes Loch in die Außenwand, genau auf Höhe der Messe und des Maschinenraums. 17 Matrosen kamen ums Leben, 39 weitere Personen wurden verletzt. Auch die Attentäter starben.

Wer sagt also, dass Attentäter nicht auch deutsche Schiffe attackieren können – und zwar neben den zivilen auch militärische? Die deutsche Marine ist aktuell am Horn von Afrika im Einsatz und bekämpft dort Piraten. Die deutschen Schiffe liegen oft auf der arabischen Halbinsel vor Anker. Ein ähnlicher Anschlag wäre also durchaus denkbar.

Ein weiterer Faktor macht die Schifffahrt und insbesondere die Häfen verwundbar: Auf den Weltmeeren kreuzen viele sogenannte »Phantomschiffe«. Das sind gekaperte Frachter, deren Ladung gelöscht wurde und die mit neuen Papieren weiterverkauft wurden. Diese schwimmenden Phantome entziehen sich der behördlichen Kontrolle. Terroristen könnten sie mit gewöhnlichem Sprengstoff oder mit Massenvernichtungswaffen beladen und die Hafenbehörden würden es vermutlich nicht einmal merken, weil die Überwachung aufgrund der großen Zahl der Schiffbewegungen und des hohen Frachtaufkommens immer schwerer wird: Weniger als fünf Prozent der Containerladungen werden tatsächlich durch die Zollbehörden geöffnet und kontrolliert. Nachlässige Kontrollen ziehen Terroristen an.

Die internationale Logistikbranche steht vor einem Dilemma. Sie muss den reibungslosen Verkehr von Waren und Passagieren gewährleisten. Dabei ist sie sehr sensibel gegenüber Verspätungen. Sicherheitsvorkehrungen sollen tunlichst keine Zeitverzögerungen verursachen (»Just-in-Time-Delivery«). Demgegenüber stehen die großen Sicherheitslücken, auch bei der Abfertigung und Kontrolle der Luftfracht. Täglich werden viele Gefahrenguttransporte, oft durch Städte, per Eisenbahn oder Lkw durchgeführt. Das Unfallszenario mit LPG-Tankwaggons in Viareggio (Italien) am 29. Juni 2009 führte zu einem Flammeninferno für die Einwohner – es hätte ebenso gut absichtlich durch Terroristen herbeigeführt werden können, indem sie ein Leck in einem oder mehreren Tankwagen erzeugen.

An Bord eines Flugzeuges schaffen es Terroristen auch nach dem 11. September 2001 – trotz der damals massiv verstärkten

Sicherheitsvorkehrungen. Noch im selben Jahr, am 21. Dezember, saß ein gewisser Richard Reid in einer Sitzreihe nahe den Tragflächen und damit an den Treibstoffleitungen des American-Airlines-Fluges 63 von Paris nach Miami. Als er die Zunge seiner Schuhe anzünden wollte, wurde er von einer Flugbegleiterin entdeckt und schließlich von mehreren Passagieren überwältigt. In seinem Schuhfutter befand sich Sprengstoff. Der Anschlag konnte in letzter Sekunde vereitelt werden und der »Schuhbomber« Reid wurde 2003 verurteilt. Die Beunruhigung wuchs trotzdem. Reid hatte den Beweis geliefert, dass die blutige Rechnung von Selbstmordattentätern auch unter allerstrengsten Sicherheitsmaßnahmen und in einer Phase der höchsten Aufmerksamkeit aufgehen kann. Und diese Aufmerksamkeit der Sicherheitskräfte lässt, je länger die Ruhe dauert, auch wieder nach. Wer schon einmal in afrikanischen Flughäfen eingestiegen ist, weiß, dass es auf außereuropäischen Flughäfen das Sicherheitspersonal mit den Kontrollen zuweilen nicht sehr genau nimmt. Und aus diesen Ländern fliegen täglich zahlreiche Maschinen Ziele in Europa an.

Anschläge auf die zivile nukleare Infrastruktur stellen ein weiteres Terrorrisiko dar. Die Verletzlichkeit solcher Einrichtungen ist weithin bekannt. Am riskantesten sind Forschungsreaktoren, die mit waffenfähigem Nuklearmaterial betrieben werden. Lagerhallen mit abgebrannten Brennelementen, sowie die Transportwege, auf denen nuklearer Müll transportiert wird, können Terroristen ebenfalls als Ziele dienen. Je nachdem, wie der Anschlag ablaufen wird, werden die Folgen aussehen: Von einem geringfügigem Austritt von Radioaktivität, der keine schwerwiegenden Folgen hat, bis zu einem Super-GAU wie in Tschernobyl, der weite Landstriche über viele Jahre hinweg unbewohnbar macht, wäre alles möglich, wenn sogenannte vitale Bereiche (»vital areas«) der Anlage dabei zerstört werden. Würde es beim veralteten Kernkraftwerk Isar in Niederbayern zu einem derartigen Schaden mit hoher unkontrollierter Abgabe von Radioaktivität kommen, wären Bayern und große Teile Westösterreichs für lange Zeit verseucht.

Die Terroristen, mit denen wir es heute zu tun haben, bedienen sich bei der Durchführung ihrer Anschläge weiterhin konventioneller Methoden, die sie allerdings verfeinern und damit ihre Wirkung vervielfachen. Wie beim Selbstmordanschlag zum Beispiel. Ein Attentäter mit einem Sprengstoffgürtel um den Bauch kann sich in Europa problemlos in einer Gruppe prominenter Politiker, Unternehmer oder Showstars in die Luft sprengen. Zugang verschafft er sich leicht. Beim Münchner Oktoberfest etwa sind die Zutrittskontrollen lasch. Einen Selbstmordanschlag in einem Bierzelt durchzuführen, wäre leicht – und aus Sicht der Terroristen sinnvoll, weil dort zumeist viele Menschen und darunter auch viel Prominenz zugegen ist. Aber nicht nur die Reichen, Schönen und Mächtigen sind diesem Risiko ausgesetzt. Oftmals fallen dem Attentäter jene zum Opfer, die gerade zufällig vor Ort sind.

Ein Selbstmordattentäter, der in einem großen Lkw mit Sprengstoff sitzt, kann auch ein ganzes Gebäude oder einen größeren Gebäudekomplex in die Luft jagen – so geschehen in Bagdad, wo Attentäter 2003 Anschläge auf die Hauptquartiere der UNO und des Roten Kreuzes ausführten.

Die Terroristen von heute haben dabei nicht nur das Selbstmordattentat als solches weiter entwickelt. Sie setzen auch herkömmliche Waffen auf immer perfidere Art ein. Schließlich müssen sie ihre Waffen nach dem Gesichtspunkt des größtmöglichen Schadens wählen. Die Hamas hat bewiesen, dass ihre Raketen, die sie in Heimarbeit herstellen, bis zu zwölf Kilometer weit fliegen können. Außerdem haben Terroristen, vor allem durch die Kriege im Irak und in Afghanistan, die Technik der Roadside-Bombs verbessert. Sie können bis zu hundert Kilogramm schwere Bomben legen, die in der Lage sind, einen großen Panzer in die Luft zu jagen. Schmutzige, das heißt radioaktive, Bomben herzustellen, ist längst keine große Kunst mehr. Terroristen brauchen sie nur noch in einen Lieferwagen zu deponieren und mit der Fernzündung auf günstiges Wetter warten, das den radioaktiven Fallout kilometerweit verteilt.

Europa in den Fängen des globalen Terrors

Fehlgeschlagene, verhinderte und erfolgreiche Terrorangriffe, sowie verhaftete Terrorverdächtige in der EU im Zeitraum 2007 bis 2009:

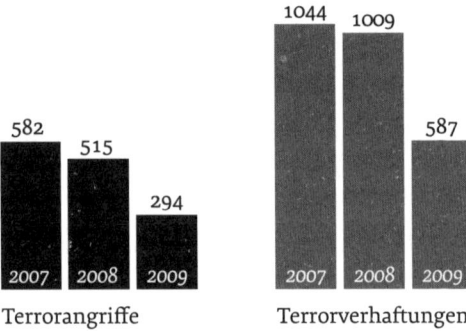

Terrorangriffe	Terrorverhaftungen

Verhaftete Terrorverdächtige 2008 pro EU-Mitgliedsstaat, nach Zuordnung der Verhafteten:

B	DK	F	D	IRL	ITA	LIT	E	S	NL	UK	
17	3	78	8	3	9	–	61	3	4	–	islamistisch
1	–	283	1	49	35	2	129	–	–	–	separationistisch
4	–	37	3	–	7	–	6	–	–	–	linksextrem
–	–	3	–	–	–	–	–	–	–	–	sonstige
–	–	1	–	–	2	–	1	–	–	256	k.A.

Ahmad Sidiqi stammt aus Hamburg. Im Juli 2010 kehrt er in die Heimat zurück. Gut ein Jahr davor war er mit Gleichsinnten nach Pakistan gereist. Wahrscheinlich hatten ihn die US-

Geheimdienste schon länger im Visier. In Kabul schlugen sie schließlich zu und verhafteten Sidiqi. In Bagram, dem US-Militärgefängnis, packte der Deutsch-Afghane dann aus: Anfang 2010, so berichtete er, habe er die Nummer drei des Al-Kaida-Netzwerks, Scheich Junis al-Mauretani, in Pakistan getroffen. Der Scheich selbst hätte ihm von geplanten Anschlägen in drei Ländern, Großbritannien, Frankreich und Deutschland, erzählt. Osama bin Laden persönlich soll die Pläne gebilligt und mitfinanziert haben.

Wenige Stunden später schickten die Amerikaner in Afghanistan unbemannte Kampfflugzeuge los, sogenannte Drohnen. Sie überflogen das Grenzgebiet und schossen ihre Raketen und warfen ihre Bomben auf Ausbildungslager der Taliban. Mehrere Islamisten starben, darunter auch acht Deutsche. Eine Woche später schickte die US-Armee wieder ihre Drohnen los, und wieder starben Islamisten, diesmal waren zwei Deutsche darunter.

Was hat Sidiqi den US-Geheimdienstlern noch erzählt? Er nannte konkrete Anschlagsziele, darunter den Eiffelturm, die Kathedrale Nôtre Dame in Paris und die britische Königsfamilie. Als deutsche Ziele nannte er das Hotel Adlon, das Brandenburger Tor, den Fernsehturm oder den Hauptbahnhof, alle in Berlin. Auch die Art und Weise, wie es passieren soll, schilderte Sidiqi im Verhörraum. Demnach ähnelten die Pläne jenen des Anschlags von Mumbai. In der indischen Hafenstadt und Finanzmetropole landete damals, im November 2008, eine kleine Gruppe bewaffneter Männer mit Schnellbooten. Sie teilten sich auf und begannen mit ihrem Sturm auf die Stadt: Am Hauptbahnhof schossen zwei Männer wahllos auf die Pendler, im Café Leopold, einem beliebten Touristentreffpunkt, starben acht Menschen im Kugelhagel von Sturmgewehren. Andere Terroristen stürmten ein Krankenhaus, in einem jüdischen Shabat-Center wurde ebenfalls geschossen und die Terroristen nahmen Geiseln. Traurige Berühmtheit erlangten die beiden Terrorkommandos, die das Trident Oberoi und das Taj Mahal Palace and Tower Hotel einnahmen. Tagelang lieferten sich die Terroristen Feuergefechte mit den Militärs. Sie zündeten Granaten, töteten Dutzende Hotelgäste und Fernsehstationen aus aller Welt berichteten 24 Stunden live darüber. Insgesamt starben 174 Menschen, fast 250 wurden verletzt. Die Terroristen suchten sich ihre Opfer ziemlich genau aus. In erster Linie waren es Amerikaner und Briten, aber wer ihnen sonst noch so im Weg stand, wurde ebenfalls niedergeschossen. Auch ein Deutscher kam ums Leben: Ralph Burkei, ein Medienunternehmer und CSU-Politiker. Er wollte sich über die Außenwand des Hotels abseilen, verlor den Halt und stürzte ab.

Solche Szenarien sind in Europa deshalb denkbar, weil für die Al Kaida europäische Länder wie Deutschland, Frankreich, Großbritannien, Italien, die Niederlande und Spanien alle auf einer Stufe mit den USA stehen – dasselbe gilt übrigens auch für Australien und Japan. Die Anschläge auf die Pendlerzüge in Madrid etwa wurden von der Terrorgruppe Ansar al-Islam durchgeführt, die der Al Kaida nahesteht. Sie waren ein Racheakt für Spaniens Beteiligung an den Kriegen im Irak und in Afghanistan.

Stellen sie sich vor: Je zwei Männer postieren sich gleichzeitig am Hauptbahnhof in Berlin, am Brandenburger Tor, in der Eingangshalle des Hotel Adlon, auf dem Eiffelturm, in der Kathedrale Nôtre Dame und am Wiener Christkindlmarkt – alles Orte voller Menschen. In derselben Minute greifen plötzlich alle in ihre um die Schultern hängenden Sporttaschen, jeder holt ein

Sturmgewehr heraus, lädt durch und feuert in die Menge. Bis die Spezialeinheiten, zum Beispiel die deutsche GSG 9 oder die österreichische Cobra, vor Ort sind, vergehen Minuten. In dieser Zeit verfeuern die Terroristen mehrere Magazine, zünden Handgranaten und werfen sie in die Menschenmengen, im Berliner Hotel Adlon nehmen sie Geiseln. Sobald sie merken, dass es keinen Ausweg mehr gibt, zünden sie die Sprengstoffgürtel, die sie um den Leib geschnürt tragen und sprengen sich selbst in die Luft. Das traurige Fazit: Hunderte Menschen sterben an diesem Tag. Ein Szenario, das Europa in einen Zustand des Schocks, der Trauer und der Wut versetzen würde – leider ein sehr realistisches Szenario. Eines, mit dem die Einsatzkräfte in Europa durchaus rechnen.

Bevor bekannt wurde, dass Ahmad Sidiqi festgenommen worden war, hatte die Polizei in Paris bereits zweimal den Eiffelturm wegen konkreten Terrorverdachts gesperrt. Kurze Zeit später gaben sowohl die USA als auch Großbritannien eine konkrete Terrorwarnung für alle Europa-Reisenden heraus. »Deutschland ist nicht nur Ruheraum, sondern auch Ziel des internationalen Terrorismus«, formulierte es vor einigen Jahren Jörg Ziercke, Chef des deutschen Bundeskriminalamts.

Vor wenigen Jahren noch war Deutschland keine Gefahrenzone und kein Einsatzgebiet für Terroristen. Das ist heute anders. Deutschland kämpft in Afghanistan, macht sich dort am Tod von Zivilisten mitschuldig und zieht immer mehr Hass auf sich. Genährt wird der Hass auch im eigenen Land durch die wachsende soziale Ungerechtigkeit und die Perspektivenlosigkeit von Migranten, die darüber hinaus einem zunehmenden Fremdenhass ausgeliefert sind. Der Unmut gegen das System wächst praktisch täglich. Und das nicht nur in großen Ländern wie

Deutschland, sondern auch in kleinen, wie den Niederlanden oder Österreich.

Österreich spielt am internationalen Parkett vermutlich nur eine unbedeutende Rolle. Ein Anschlag in Wien würde den Terroristen zu wenig internationale Aufmerksamkeit bringen – auch mangels bedeutender amerikanischer Einrichtungen in der Stadt. In Sicherheit wiegen kann sich aber auch das kleine Österreich nicht, wie zum Beispiel die Verhaftungen von Mohammed M. und seiner Ehefrau im Jahr 2007 zeigten. Das Ehepaar hatte über längere Zeit Kontakte zur Al Kaida gepflegt und Drohvideos gegen Österreich produziert. Der Christkindlmarkt in Wien wäre tatsächlich ein ideales Ziel für ihren Plan gewesen: weil er für christliche Werte steht und somit ein Symbol des Westens ist, den die Islamisten so hassen und zu bekämpfen versuchen.

Wir befinden uns in Europa derzeit in einer Phase trügerischer Sicherheit. Denn die vergangenen Jahre waren hier von einem Rückgang der Terroranschläge geprägt. Größere Anschläge waren, mit Ausnahme jener auf die Londoner U-Bahn im Jahr 2005 und jenem auf die Pendlerzüge in Madrid im Jahr 2003, nicht zu verzeichnen. Und während die Welt vor dem islamistischen Terror zitterte, blieb er in Europa weitgehend aus. Fast alle Anschläge wurden hier von linksextremen oder ethnonationalen Organisationen verübt. Größtenteils handelte es sich um Brandstiftungen oder kleinere Explosionen, die gegen Regierungsgebäude oder ähnliche Einrichtungen gerichtet waren. 2009 wurden in Europa insgesamt 294 verübte oder versuchte Terroranschläge verzeichnet. 90 davon waren erfolgreich. In Nordirland waren es 124 Attentate. In Frankreich und Spanien, beides Länder mit besonders starken separatistischen

Organisationen, waren es 237. In Griechenland, Italien und Spanien kam es zu 40 Terrorangriffen von linksradikalen oder anarchistischen Organisationen. In 13 Mitgliedstaaten der EU wurden in Summe 587 Personen wegen terroristischer Aktivitäten festgenommen, was einen deutlichen Rückgang um 22 Prozent im Vergleich zu 2008 darstellt. Gegenüber 2007 waren es sogar nur noch halb so viele. Von den 587 Verhafteten war fast die Hälfte jünger als dreißig Jahre. Die meisten Verhaftungen gab es in Spanien, gleich 40 mutmaßliche Terroristen wurden dort festgenommen. Dahinter folgte Frankreich mit 37 Verhaftungen. Insgesamt kam es in der EU 2009 zu 125 Gerichtsentscheidungen, bei denen es fast ausschließlich um separatistisch motivierten Terror ging. Von beschaulichen Verhältnissen in den vergangenen Jahren zu sprechen wäre angesichts der Toten trotzdem zynisch. Umso mehr, als auch diese Gruppierungen eine Phase der Modernisierung hinter sich haben. Ihre Mittel lukrieren sie zwar noch immer über kriminelle Aktivitäten – von Betrugsdelikten, Geldfälschung und Drogenhandel bis hin zu Einbruch, Entführung und Erpressung. Sie treffen einander aber nicht mehr in abgeschlossenen Hinterzimmern dunkler Kneipen zu konspirativen Treffen – zu hoch ist das Risiko, im Zuge einer zufälligen Polizeirazzia aufzufliegen. Sie treffen sich im Cyberspace, der ihnen die gewünschte Anonymität garantiert. Über soziale Netzwerke wie Facebook machen sie auf ihre Organisation aufmerksam, über SMS werben sie, organisieren Kampagnen, geben Informationen über künftige Ziele weiter und über SMS bekennen sie sich auch zu ihren Anschlägen.

Auch südamerikanische Separatisten haben offenbar Gefallen an Europa gefunden: Die FARC, also die kolumbianische Befreiungsorganisation, hat Europa als Region von hohem strategischem Interesse kategorisiert. Mittlerweile besteht begründeter Verdacht, dass sie hier Schläferzellen gründen, die beim Drogenhandel und bei der Beschaffung von Waffen helfen sollen. Büros in Amsterdam, Brüssel und Paris sind in Planung – inoffiziell, versteht sich.

Die PKK, die kurdische Untergrundorganisation, ist ebenfalls in Europa umtriebig. Zwar wurde Abdullah Öcalan, der große Führer der Kurden, 1998 in Kenia verhaftet. Zuvor jedoch hatte er auf seiner Flucht aus der Türkei halb Europa durchquert. Ausgeliefert wurde er schließlich von einer griechischen Botschaft, was die kurdischen Organisationen in ganz Europa dazu veranlasste, Demonstrationen vor griechischen Botschaften abzuhalten. Diese Demonstrationen, die in fast allen größeren Städten in Europa stattfanden, zeigten, wie straff die Kurden in Europa organisiert sind. Auch wenn die PKK hier keine Terroranschläge verübt. Niemand weiß, ob die PKK, der nach wie vor ein hohes Gewaltpotenzial nachgesagt wird, nicht eines Tages eine Bombe in der türkischen Botschaft in der friedlichen Wiener Prinz-Eugen-Straße hochgehen lässt.

Diese vergleichsweise ruhige Phase in Europa geht vor allem deshalb zu Ende, weil auch hier der islamistische Terror das künftige Geschehen prägen wird. Die EU dient im Moment vor allem noch als Ort der Vorbereitung terroristischer Aktivitäten. Terroristen können hier aufgrund der offenen Grenzen und der noch nicht im ausreichenden Maße wirksamen grenzüberschreitenden Zusammenarbeit der Exekutive hervorragend untertauchen. Die Gefahr für europäische Länder, Ziel eines islamistischen Terroranschlages zu werden, hängt sehr stark von den Geschehnissen in politisch instabilen Ländern und Regionen wie Afghanistan und dem Grenzgebiet zu Pakistan, in

Pakistan selbst, dem Irak, Somalia und dem Jemen ab. Tatsache ist, dass die Strategen des islamistischen Terrors größten Wert auf Effektivität legen. Mit kleineren Anschlägen geben sie sich erst gar nicht ab. Wenn sie in Europa Anschläge verüben, werden sie es auch hier auf so viele Opfer wie nur möglich anlegen. Wir sind sicher, dass es passieren wird. Wir wissen bloß nicht, wann und wo. Weltweit wird die Zahl der Anschläge wieder steigen und Europa wird sich davon in Zukunft nicht mehr abkoppeln können. Weil sich der Terror zunehmend auf den Alten Kontinent verlagern wird.

An der Zuspitzung der Situation in Europa wird ein Phänomen schuld sein, das sich in den vergangenen Jahren herauskristallisiert hat: der hausgemachte Terrorismus (»homegrown terrorism«). Erstmals gelangte dieser Terminus im Zuge der Anschläge in London am 7. Juli 2005 in die Schlagzeilen, als nahezu gleichzeitig vier Bomben, drei in U-Bahnzügen und einer in einem Doppeldeckerbus, explodierten. Bei den Attentaten kamen 56 Menschen ums Leben, mehr als 700 wurden teils schwer verletzt. Auch die Attentäter, die unter dem Begriff »Rucksackbomber« im deutschsprachigen Raum bekannt wurden, starben bei den Explosionen. Drei der vier Terroristen waren Briten pakistanischen Ursprungs, einer hatte jamaikanische Wurzeln. Drei von ihnen wurden wohl in Koranschulen in Pakistan radikalisiert, einer im Gefängnis. Aber auch das Internet soll bei ihrer Anwerbung eine bedeutende Rolle gespielt haben.

Auch jene Verdächtigen, die 2006 geplant hatten, mindestens zehn Flugzeuge bei Flügen in die USA und nach Kanada in die Luft zu sprengen, waren überwiegend Briten pakistanischer Herkunft. Mindestens drei der Terroristen waren erst kurz vorher zum Islam konvertiert. Die britische Polizei nahm sie fest, kurz bevor sie ihre Pläne in die Tat umsetzen könnten. Ebenso waren zwei der drei Mitglieder der Islamischen Jihad-Union, die 2007 in Deutschland Anschläge auf verschiedene Lokale, Diskotheken und US-Einrichtungen plante, Deutsche. Der Dritte war Türke. Dieses Phänomen wurzelt vor allem in der Tatsache, dass es den westlichen Staaten zunehmend schwer fällt, Muslime in ihre Gesellschaft zu integrieren. Vor allem Migranten der zweiten und dritten Generation in England, aber auch zum Islam konvertierte Deutsche, werden für die Rattenfänger des Terrors zur leichten Beute.

Der ehemalige deutsche Innenminister Wolfgang Schäuble bezeichnete dieses Phänomen in einem Interview einmal als einen»Terrorismus, der gewissermaßen auf unserem eigenen Mist gewachsen ist.« Der hausgemachte Terrorismus zeigt besonders deutlich, dass Europa viel mehr als nur ein Gewaltproblem hat. Diese Form des Terrorismus ist vor allem ein soziales Problem. Die Pariser Vorstädte, in denen zehntausende junge Männer sitzen, die sich ausgegrenzt und falsch verstanden fühlen, sind die Brutstätten dieses hausgemachten – sprich: von uns selbst mitverschuldeten – Terrorismus.

Der Anteil an unzureichend oder gar nicht integrierten Muslimen an der Bevölkerung wird immer größer. Im Jahr 2009 lebten in Deutschland drei Millionen Muslime, davon mehr als 1,6 Millionen Türken. Dass oftmals gerade muslimische Bürger besonders frustriert sind, ist nur verständlich. Viele sind unzureichend gebildet, haben schlechte Chancen am Arbeitsmarkt und wenig Geld. Dazu kommt noch die Ghettobildung in den größeren Städten. Besserung ist nicht in Sicht. Die Staaten der Europäischen Union haben zu große konjunkturelle und strukturelle Probleme, um eine ausreichend hohe Zahl an Arbeitsplätzen zu schaffen. Migranten bekommen diese politische Schwäche als erste zu spüren. Die Selbstradikalisierung beginnt.

Die erste Generation der Migranten ist am wenigsten terroranfällig, weil sie nach Europa kamen, um hier eine Chance für ein neues Leben unter besseren Bedingungen zu nutzen. Die Radikalisierung findet eher in der zweiten und dritten Generation statt. Ihre Vertreter sind hier aufgewachsen, sind keine Fremden, sondern haben einen deutschen, britischen, niederländischen oder österreichischen Pass, empfinden das Land ihrer Geburt als Heimat, werden hier aber nach den Maßstäben der Kultur ihrer Eltern erzogen. Obwohl sie EU-Bürger mit allen dazugehörigen Rechten sind, müssen sie sich mitunter noch immer als »Ausländer« beschimpfen lassen, können sich nie zuhause fühlen und schaffen es vielfach nicht, der Unterschicht zu entwachsen. In Deutschland schneiden Türken im Bildungsbereich am schlechtesten ab. Auf eine Universität schaffen es nur sehr wenige. Ein Drittel hat überhaupt keinen Bildungsabschluss. In Deutschland sind 23 Prozent der türkischen Migranten arbeitslos. Bei den deutschen Bürgern ohne Migrationshintergrund ist der Prozentsatz nur halb so groß.

In Österreich ist die Arbeitslosigkeit generell niedriger, die Verhältnisse sind aber ähnlich. Die Arbeitslosigkeit bei Migranten lag laut Statistik Austria im Herbst 2010 mit 10,2 Prozent zweieinhalb mal höher als bei Österreichern ohne Migrationshintergrund. Auch hier waren Türken am stärksten betroffen, und unter ihnen wiederum die Muslime: In dieser Gruppe liegt die Arbeitslosigkeit bei 20 Prozent, bei Migranten aus Ex-Jugoslawien nur bei rund 10 Prozent. Jugendliche zwischen 15 und 24 Jahren sind besonders arm dran. Wir, die etablierte europäische Gesellschaft, grenzen diese Menschen sozial aus. Ihnen gilt deshalb die Aufmerksamkeit der Werber des Terrors, denn sie sind vergleichsweise leicht rekrutierbar.

Hinter all dem steht ein fundamentales Versagen der Politik in den europäischen Ländern. Nach dem Zweiten Weltkrieg wurden etwa in den Niederlanden und Großbritannien viele Menschen aus den ehemaligen Kolonien zum Einwandern ermutigt. In den Anfangsjahren konnten sie ihre Kultur weiterleben und bereicherten damit auch die ihres Ziellandes. Heute hat sich die allgemeine Einstellung gewandelt. Oft ist von »Überfremdung« die Rede. Die Migrationsdebatte wird zum Wahlkampfthema, bei dem die populistischen Parteien immer gewinnen und die Migranten immer verlieren. In Österreich etwa zeigten das im Herbst 2010 auch die Wien-Wahlen, wo die ultrarechte FPÖ einen enormen Zuwachs erzielen konnte.

Der Konflikt schwelt weiter an. Der frühere Berliner Finanzsenator und Bundesbank-Vorstand Thilo Sarrazin hat mit seinem Buch »Deutschland schafft sich ab« bewiesen, wie gespalten die deutsche Gesellschaft ist. Der Politik gelingt es nicht, die Richtung vorzugeben. Sie ist im Moment das Spiegelbild einer Gesellschaft, die selbst nicht genau weiß, wie sie mit diesem komplexen Thema umgehen soll. Der deutsche Bundespräsident Christian Wulff sprach in seiner Rede zur Feier der deutschen Einheit in 2010 davon, dass der Islam schon lange ein Teil Deutschlands geworden sei. Auf der anderen Seite steht eine gefühlte Mehrheit, die den Islam als nicht europakonform betrachtet. Der bayerische Ministerpräsident Horst Seehofer betonte am Parteitag der CSU im Oktober 2010 ausdrücklich, dass die Wurzeln Europas im Christentum lägen. Auch die CSU schärft also ihr rechtes Profil. In ganz Deutschland werden antiislamische Ressentiments lauter. Kanzlerin Angela Merkel drückte diesen Zwiespalt in einer einzigen Rede aus. Zuerst bezeichnete auch sie den Islam als Teil der deutschen Gesellschaft, um hinterher die »Multikulti-Gesellschaft« als gescheitert zu erklären und von der Notwendigkeit der Verbreitung des Christentums zu sprechen. Das alles zeigt, dass der Trend in Deutschland eindeutig nach rechts geht. Auch der deutsche Bundespräsident wird ihn nicht aufhalten können.

Politiker in ganz Europa halten im Augenblick ein Plädoyer für christliche Werte und in einigen Ländern treten islamfeindliche Kräfte bereits wesentlich offener und aggressiver auf. Das geht so weit, dass sogar Heinz-Christian Strache, Chef der vorhin erwähnten Freiheitlichen Partei Österreichs (FPÖ), der sonst so auf eine strikte Trennung von Staat und Kirche drängt, publikumswirksam ein Kreuz in die Kameras hält und kurz darauf vor dem Wiener Stephansdom zur Firmung erscheint – wohl auch mit ein Grund, warum die FPÖ bei den Regionalwahlen in Wien im Herbst 2010 mit einem Viertel aller Stimmen zweitstärkste Kraft hinter den Sozialdemokraten wurde. Der Niederländer Geert Wilders steigert mit seiner »Partei für die Freiheit« fremdenfeindliche Aggressivität und hat mittlerweile als drittstärkste Kraft im niederländischen Parlament nennenswerten politischen Einfluss. Sein von Fremdenhass geprägtes Wirken trifft eine Mitschuld daran, dass bereits achtzig Prozent der Niederländer strenge Maßnahmen gegen Einwanderer aus nicht-westlichen Ländern fordern.

In der EU herrscht mittlerweile die je nach politischer Gesinnung mehr oder weniger deutlich eingestandene Überzeugung vor, dass sich die christlichen europäischen Werte an jene des Islams nicht annähern können. Umgekehrt kritisieren Islamisten im Ausland offen das Wertesystem des Westens, den Verfall der Moral und die Freizügigkeit der Frauen – und gießen damit erneut Öl ins Feuer. Jede Fatwa mit Drohungen gegen Europa heizt die Spannung zusätzlich an und Aktionen, bei denen ein dänischer Karikaturist von der gesamten arabischen Welt zum Tode verurteilt wird, nur weil er seinen Job gemacht hat, sind auch nicht gerade förderlich für ein friedvolles Miteinander.

Die europäischen Regierungen haben es in den vergangenen Jahren verabsäumt, eine nachhaltige Integrationspolitik zu betreiben. Sogar jene, die aufgrund ihrer ideologischen Basis eigentlich auf Integration und Dialog setzen sollten. In einigen Gemeindebezirken der sich traditionell als Schmelztiegel der Kulturen betrachtenden und sozialdemokratisch regierten Stadt Wien sitzen mittlerweile bis zu 90 Prozent Kinder mit nicht-deutscher Muttersprache in einer Klasse. Das beeinträchtigt nicht nur die Bildungsaussichten der Migranten, sondern auch die der einheimischen Kinder.

Auch in Berlin entwickeln sich immer mehr Ghettos, deren Entstehen nicht nur dem mangelhaften Integrationswillen bestimmter Migrantengruppen zuzuschreiben ist, sondern auch städteplanerischen Fehlern – ideale Vorrausetzungen für Radikalisierer, die sich Vorurteile gegenüber Migranten zunutze machen und in weiterer Folge den Seelenfängern des Terrors den Boden bereiten.

Europa ist, was den Islam betrifft, von einer offensichtlichen Doppelmoral geprägt. Die EU hat die von den USA geführte Invasion im Irak und in Afghanistan stillschweigend gebilligt und einige Länder sind sogar mitmarschiert. Gleichzeitig gibt sich der Kontinent als Hüter der Menschenrechte. Die Entführung von Terrorverdächtigen durch die USA auf europäischem Boden hat die EU genauso verurteilt wie die bekannt gewordenen Folterungen. Trotzdem duldet sie Geheimgefängnisse in EU-Mitgliedsstaaten, wie in Polen, oder die Landung von CIA-Flügen zum Zweck der Entführung Terrorverdächtiger oder deren Transfer in Drittstaaten. Nach Verstößen der USA gegen die Menschenrechte im Krieg gegen den Terror zieht die EU keine politischen Konsequenzen. Es gab von ihr auch keinerlei Unterstützung bei der unabhängigen Untersuchung eines israelischen Angriffs auf ein Schiff einer Hilfsflotte für den Gazastreifen im Mai 2010. Ein Verhalten, das unter den in Deutschland lebenden Muslimen erheblichen Ärger verursacht. Negative Erfahrungen lassen sich im Kollektiv leichter verarbeiten. In einer Moschee etwa, in der sich Jugendliche mit Gleichgesinnten treffen, können sie über ihren Frust sprechen und erkennen, dass es auch anderen so geht. Sie befinden sich in einer Zwickmühle. Deutschland, das Land in dem sie groß geworden sind und leben, bekämpft ihre muslimischen Brüder in Afghanistan. Dass die Deutsche Bundeswehr zu einer Hilfsmission für die Bevölkerung dort ist, glaubt ihr schon lange niemand mehr. Ein Wir-Gefühl entsteht unter den Frustrierten, und jetzt braucht es nur noch einen, der die jungen Menschen leitet, jemanden, der ihnen eine Ideologie, ein dualistisches Weltbild einpflanzt: Gut gegen Böse, Freund gegen Feind. Wenn zu Recht frustrierte junge Menschen dieses Denken verinnerlicht haben, ist es ein Leichtes, sie in den Kampf zu schicken.

Gleichzeitig treten auch immer mehr Deutsche ohne Migrationshintergrund zum Islam über. »Ich sage natürlich nicht, dass jeder Konvertit ein potenzieller Terrorist ist. Aber man muss sehen, dass bei uns das Problem des Homegrown Terrorism wächst«, sagte dazu einmal Minister Schäuble. Einer der berühmtesten deutschen Konvertiten ist Pierre Vogel. Der ehemalige Boxer studierte Islamwissenschaften. Er fand die deutsche Auslegung des Korans jedoch nicht passend und wechselte an eine Koranschule in Saudi-Arabien. Als Abu Hamza rekrutiert er seit ein paar Jahren junge Deutsche und hilft ihnen beim Übertritt zum Islam. Spuren seiner Aktivitäten finden sich zuhauf im Internet.

Natürlich ist nicht jeder, der zum Islam konvertiert, ein potenzieller Terrorist, da hat Minister Schäuble schon recht. Die deutschen Sicherheitsbehörden rechnen mit etwa siebzig bis hundert Menschen unter den Konvertiten, die eine Terrorausbildung in Afghanistan oder Pakistan absolviert haben und Kontakte zu Terrorverdächtigen pflegen. Etwa ein bis zwei Dutzend von diesen siebzig wären demnach auch bereit, einen Terroranschlag zu verüben. In den Terrororganisationen sind sie durchaus beliebt. Sie dienen als Werbeträger, treten in Videos auf und richten ihre Botschaften in ihrer Muttersprache an die jeweilige Nation.

Laut einer Studie der New Yorker Polizei läuft eine Rekrutierung zum hausgemachten Terroristen in vier Stufen ab. In der ersten Phase verhält sich ein Mensch »normal« und fällt damit nicht besonders auf. Er hat wenig Probleme mit der Gesellschaft, lebt im Familienverbund und ist weder besonders religiös noch gewalttätig. Erst in der zweiten Phase werden diese Menschen aus der Normalität gerissen. Besonders anfällig dafür sind Männer im Alter zwischen 15 und 35 Jahren, die durch ein einschneidendes Erlebnis, etwa einen Todesfall in der Familie, eine Lebens- und Sinnkrise durchlaufen und neuen Halt suchen – und damit verbunden auch eine neue Orientierung. Jetzt kommt es darauf an, wem der aus der Bahn Geworfene begegnet. Der Islam macht sehr offensiv Werbung für einen Übertritt, der unumkehrbar ist. Die Werber versprechen, dass der Islam die richtige Entscheidung für das Diesseits und das Jenseits ist, und sie garantieren den nötigen Halt in den Worten Allahs. In der dritten Phase werden die Interessenten indoktriniert, sie suchen nach Gleichgesinnten, finden Anschluss in einer Gruppe und sondern sich von ihrem bisherigen Umfeld ab. In dieser Gruppe gibt es meist eine Führungsperson, oft einen Imam, der dem Konvertiten die neue Richtung vorgibt und ihn auf den neuen Weg einschwört. Das alles hat noch nichts mit Terrorismus zu tun. Bisher geht es nur um einen zweifellos legitimen Wechsel der Religion, mit der ein Mensch seine Lebenskrise zu meistern hofft. Die Frage ist bloß, wie die jeweilige Gruppe, beziehungsweise ihr Führer, mit diesem Bedürfnis umgeht. Gehört der Imam einem Terrornetzwerk an, kann er jetzt in Ruhe jene Konvertiten auswählen, die er für die Phase vier, den Jihad, geeignet findet. Wie es weitergeht, habe ich bereits beschrieben.

In naher Zukunft wird Europa auch mit einem Erstarken von Terrorgruppierungen rechnen müssen, die als Folge der weltweiten Wirtschaftskrise auf der Basis des Klassenkampfes ihre Ziele definieren. Die steigende Zahl von Arbeitslosen und die Reduktion der Sozialhilfen für die bereits Notleidenden wird es ihnen künftig erleichtern, aus diesem Millionenheer Kandidaten zu rekrutieren. Beispiel Frankreich: In Frankreich wird mit »Teilarbeitslosigkeit« (»chômage partiel«) die Kurzarbeit bezeichnet. In 2009 erhöhte sich die Zahl der Arbeitsstunden in dieser Kategorie um 18,5 Millionen auf 30 Millionen. Die Entlassungen aus rein wirtschaftlichen Gründen stiegen von 2008 auf 2009 um etwa 53 Prozent. Das bedeutet, jeder dritte französische Arbeitssuchende kam 2009 aus einem Arbeitsverhältnis, dessen Befristung endete.

Extremlinke könnten künftig aufgrund der harten Sparbudgets mancher Regierungen zu Terroranschlägen auf Firmen und deren Führungspersonal bereit sein – Firmenbesetzungen und Managerfestsetzungen in Frankreich deuten bereits in diese Richtung.

Die Bedrohungsszenarien der EU-Länder sind mit den Gefahren des hausgemachten Terrorismus und der Radikalisierung von Islamisten vergleichbar, die Ausprägung ist dennoch regional und je nach internationaler Exponiertheit unterschiedlich. Hier eine kurze Analyse ausgewählter Länder.

Terrorziel Deutschland

Die Aspekte Europas als Ziel des strategischen Terrorismus lassen sich gut am Beispiel Deutschland erklären. Für Frankreich, England, Spanien und andere Mitgliedstaaten gelten ganz ähnliche Parameter, doch Deutschland ist in diesem Punkt in einer dynamischeren Situation. Denn Deutschland ist zu einem primären Terrorziel geworden, mehr noch: Es grenzt an ein Wunder, dass noch kein größerer Anschlag stattgefunden hat. England und Spanien waren bereits Ziele brutaler Terrorattacken. Mittlerweile betrachtet auch die internationale Staatengemeinschaft Deutschland als einen besonders terrorgefährdeten Staat, nicht zuletzt wegen seiner offenen Schengen-Grenzen. Haben sie die EU einmal betreten, werden Attentäter praktisch kaum noch kontrolliert. Amerikanern wird mittlerweile empfohlen, sehr sorgsam zu sein, wenn sie Deutschland bereisen. Australien warnt seine Einwohner sogar vor Reisen nach Deutschland, und hat die Sicherheitswarnstufen nach oben gesetzt. »Reisen nach Frankfurt oder Berlin sind genauso gefährlich wie nach Botswana und Turkmenistan«, lautet die offizielle Einschätzung des australischen Außenministeriums. In Deutschland werden diese und ähnliche Warnungen allerdings tunlichst verschwiegen.

Dabei haben die deutschen Behörden bei der Bekämpfung des Terrorismus eine erfolgreiche Tradition vorzuweisen. Sie konnten durch die RAF, die Deutschland von 1970 bis zu ihrer Auflösung 1998 in Schach gehalten hat, den Umgang mit Terrorgruppen lernen. Die Stadtguerilla ist legendär, das Verhalten der Polizei ebenso. Der Exekutive ist es erstmals in ihrer Geschichte gelungen, im Dschungel der Großstadt zu bestehen. Gerade dort, wo es Terroristen normalerweise gelingt, wie ein

Fisch im Wasser unterzutauchen, haben die deutschen Beamten Großartiges geleistet. Mit Mitteln wie der Rasterfahndung haben sie Terroristen ausfindig gemacht und ihnen das Handwerk gelegt. Deutschland hat damit den Grundstein für die urbane Terrorismusbekämpfung gelegt. Doch die RAF ist Vergangenheit. Die meisten ihrer Protagonisten sitzen in Haft oder sind nach langjährigen Haftstrafen wieder auf freiem Fuß. Viele sind auch tot. Die Haupttäter, Andreas Baader, Ulrike Meinhof und Gudrun Ensslin haben sich im Gefängnis das Leben genommen. Gegenüber den strategischen Terroristen müssen die Behörden allerdings erst bestehen – was nicht leicht werden wird.

Hayrettin S. wurde 1987 als deutscher Staatsbürger in Berlin geboren, als Jugendlicher wurde er in einem pakistanischen Terrorlager zum Killer ausgebildet. Im Herbst 2010 hielt er die Behörden in Atem. Sein Ziel: Amerikanische Kasernen in Deutschland, wo wegen des jungen Mannes erhöhte Sicherheitsvorkehrungen getroffen wurden. Soldaten wurde es verboten, die Kasernen in Uniform und in Gruppen zu verlassen. Die Personenkontrollen an den Toren wurden verschärft. Deutschland war nicht mehr sicher.

Bisher konnten die deutschen Behörden alle geplanten Terroranschläge vereiteln, und Versuche gab es genug. 2007 nahm die Polizei in einem abgelegenen Haus im Sauerland drei Attentäter fest, die später als die Sauerland-Gruppe berühmt wurden: Fritz Gelowicz, Adem Yilmaz und Daniel Schneider. Die drei Männer bereiteten gerade ein Sprengstoffattentat vor. Als Ziel hatten sie unter anderem den Frankfurter Flughafen im Auge, eine Diskothek mit »amerikanischen Schlampen«, Parkhäuser, sowie etwa den US-Luftwaffenstützpunkt Rammstein. Sie hatten bereits 700 Kilogramm Wasserstoffperoxid eingelagert und sich aus Syrien militärische Zünder für den Bombenbau beschafft. In Frankreich hatten sie sich drei gebrauchte Kleintransporter zur Lieferung der Bomben besorgt. Beamte, die sie zufällig bei einer Verkehrskontrolle anhielten, stellten fest, dass die drei auf einer landesweiten Fahndungsliste standen. Die Anti-Terror-einheiten mussten handeln. Schon seit Monaten hatten sie die drei abgehört, ihr Auto verwanzt, das abgelegene Haus und ihre Privatwohnungen unter Beobachtung. Fritz Gelowicz, gerade Ende zwanzig, war der Drahtzieher der Terrorbande. Der Schwabe ist ein Musterbeispiel für hausgemachten Terrorismus: Aufgewachsen in bürgerlichen Verhältnissen, mit einer Ärztin als Mutter und einem Verkäufer für Solaranlagen als Vater, hörte er früher noch Hip-Hop und spielte American Football, bevor er zum Islam konvertierte, weil er nach dem richtigen Weg in seinem Leben suchte. Langsam wuchs in ihm der Plan, etwas gegen die Allmacht der USA zu tun, ihnen heimzuzahlen, dass sie seine neuen Brüder in Afghanistan bombardierten. Zusammen mit einem Freund, der später neben ihm auf der Anklagebank saß, reiste er nach Syrien und fand dort Zugang zur Islamistenszene. Er flog weiter in den Iran und ließ sich von Schleppern nach Pakistan bringen, in ein von der Islamischen Jihad-Union geleitetes Terror-Camp. Dort traf er unter anderem Daniel Schneider, mit dem er später die Anschläge plante. Die beiden lernten dort alles, was sie für ihre späteren Einsätze brauchen: Wie man Waffen benützt, Bomben baut und Menschen tötet. Drei Monate blieben sie in dem aus nicht viel mehr als einigen Lehmhütten bestehenden Lager. Sie schossen noch ein paar Granaten auf das nächstgelegene amerikanische Camp ab, ehe sie sich wieder auf die Heimreise machten und begannen, ihren tödlichen Plan auszuarbeiten.

Es war längst nicht der erste Anschlagsversuch islamistischer Terroristen in Deutschland. Bereits ein Jahr davor waren zwei verdächtige Koffer in zwei Regionalzügen in Köln entdeckt worden. Darin steckte jeweils eine Gasflasche, vollbepackt mit Benzin und versehen mit einem Zünder. Die Sprengkraft dieser Kofferbomben war ähnlich groß wie die der Rucksackbomben bei den Anschlägen auf die Londoner U-Bahn 2005. Nur weil die Bomben schlecht gebaut waren – der nötige Sauerstoff fehlte – explodierten sie nicht richtig. Niemand wurde verletzt. Wären sie richtig gebaut worden, hätten sie einen Feuerball mit fünfzehn Metern Durchmesser und umher fliegenden Metallsplittern im jeweiligen Zugabteil erzeugt – die Folgen wären verheerend gewesen. Beide Attentäter stammten aus dem Libanon. Einer, Youssef Mohamad al-Hajdib, hatte bereits zwei Jahre in Deutschland gelebt und in Kiel studiert. Als Grund nannten die beiden Rache, weil eine deutsche Zeitung die dänischen Mohammed-Karikaturen abgedruckt hatte. Beide wurden verhaftet und zu hohen Haftstrafen verurteilt.

Noch ein weiteres Attentat soll abgewendet worden sein: Der libanesische Geheimdienst hatte angeblich ein Telefongespräch mit einem Syrer abgehört und danach die deutsche Botschaft in Beirut benachrichtigt. Aus dem Gespräch war hervorgegangen, dass ein Anschlag in Berlin geplant war. Der Angriff sollte von Russland aus über Rostock durchgeführt werden. Ein Lkw transportierte demnach Sprengstoff in großen Mengen und war bereits in Deutschland angekommen. Dieser Syrer hatte auch angegeben, wer daran beteiligt gewesen sein soll, nämlich ein Deutsch-Türke, ein Saudi-Araber und ein Australier. Ob es je solch einen Lkw gegeben hat, ist bis heute nicht bekannt, ob das Attentat also tatsächlich verübt werden sollte, bleibt bis heute ungeklärt. Die deutschen Sicherheitskräfte haben den Vorfall jedenfalls sehr ernst genommen.

Strategische Terroristen haben ein primäres Ziel, das wir uns immer wieder vor Augen halten müssen, um ihre Vorgehensweise zu verstehen: Sie wollen töten, in Massen, und sie nehmen dabei auf nichts und niemanden Rücksicht. Sie haben es nicht auf eine bestimmte Bevölkerungsgruppe abgesehen. Bei 9/11 starben nach dem Einsatz von insgesamt vier vollgetankten Passagierflugzeugen als Massentötungswaffen 2819 Menschen aus 115 Nationen. In Deutschland müssen wir auf den Einsatz ebensolcher Waffen vorbereitet sein. Denn so viel steht fest: Wenn Deutschland angegriffen wird, dann mit voller Wucht. Dann wird nicht nur irgendwo eine kleine Bombe gezündet. Die Terroristen werden versuchen, den Schaden zu maximieren und so viele Menschen wie möglich zu töten.

Gavrilo Princip, der als einer der ersten Terroristen im herkömmlichen Sinn betrachtet werden kann, hat sich im Juni 1914 noch einer gewöhnlichen Pistole bedient, als er seine tödlichen Schüsse auf Franz Ferdinand, den Thronfolger der Habsburger-Monarchie, abgab und damit den Ersten Weltkrieg auslöste. Ab den 1960er Jahren vergruben Attentäter dann schon Sprengkörper am Straßenrand, um sie hochzujagen, wenn die Zielperson daran vorbei spazierte. Das berühmteste Attentat dieser Art verübte die baskische ETA 1973 am damaligen spanischen Ministerpräsidenten Luis Carrero Blanco. Die ETA-Leute gruben einen Tunnel unter jener Straße, die der Politiker jeden Tag auf seinem Weg von der Heiligen Messe durchfuhr und stopften ihn mit Sprengstoff voll. Nur sechs Monate war der designierte Nachfolger von General Franco im Amt, als er und seine Begleiter auf diese Weise von den Separatisten ermordet wurden. Auch die RAF hat noch mit selbstgebastelten Bomben, Pistolen und Maschinengewehren gearbeitet. Mehr als dreißig Jahre lang hat diese Technik aus Sicht der Terroristen ausgezeichnet funktioniert und auch heute noch zündet die ETA ihre Bomben auf ähnliche Weise. Den strategischen Terroristen reicht das allerdings nicht mehr. Mit Altbewährtem können sie ihre Ziele im Zeitalter einer zunehmenden Boulevardisierung der Medien nicht erreichen. Deswegen sind moderne Terroristen ständig auf der Suche nach neuen kreativen Anschlagsmethoden.

Ab den 1970er-Jahren griffen die Palästinenser ihre Gegner, die Israelis, mit Selbstmordattentätern an. Vor allem während der Ersten Intifada, dem als »Krieg der Steine« bekannt gewordenen ersten Aufstand der Palästinenser gegen Israel, wurde diese Art der Anschläge sehr populär. Ein vermeintlicher Märtyrer sprengte sich mittels eines Sprengstoffgürtels möglichst nahe am Feind in die Luft. Die Hisbollah, die schiitische Miliz, variierte diese Methode im Libanonkrieg ab 1983 auf grausame Weise, indem sie einen Selbstmordattentäter in ein mit Sprengstoff vollgepacktes Auto setzte und ihn damit auf seine tödliche Reise schickte. Mittlerweile gab es Selbstmordattentate in Israel, dem Irak, Afghanistan, Russland und Sri Lanka. Auch die Attentäter am 5. März 2005, die ihren Anschlag auf die U-Bahn in London durchführten, sprengten sich selbst in die Luft; auch die Anschläge auf das World Trade Center 2001 und das Pentagon waren Selbstmordattentate.

Nur bei drei Prozent aller Attentate sind Selbstmörder die Hauptakteure, dennoch gehen mehr als die Hälfte aller Toten auf ihr Konto. Damit ist das Selbstmordattentat eines der effektivsten Terrorinstrumente und gilt heute als ein Symbol für islamistischen Widerstand. Aber auch diese Form der Gewalt nützt sich mit der Zeit ab. Schon weil sich Männer mit Rucksäcken oder besonders ausladenden Trenchcoats verdächtig machen. In Zukunft werden Terroristen vermehrt Massentötungs- und Massenvernichtungswaffen einsetzen. Auch in europäischen Ländern wie Deutschland, Großbritannien oder Spanien.

Deutschland wird aus den vorhin geschilderten Gründen eine immer attraktivere Zielscheibe. Der beschriebene und zum Glück aus technischen Gründen gescheiterte Anschlag auf die Kölner Pendlerzüge ging ja bereits in diese Richtung. Er hätte in etwa die gleichen Auswirkungen gehabt wie die großen Anschläge in Madrid oder London. Hunderte Menschen wären gestorben und die Medien hätten blutüberströmte Verletzte gezeigt, die sich aus dem Bahnhof schleppen. So zynisch es vielleicht klingen mag: So einen Anschlag wird es geben, und er ist bei weitem nicht das Schlimmste, was Deutschland droht. Er wird sich im Vergleich zu einem wirklichen Katastrophenanschlag ausnehmen wie ein Selbstmordattentat irgendwo in Nordafrika im Vergleich zu 9/11. Es ist keine Frage mehr, wie die Terroristen das anstellen werden, sondern nur noch, wann und wo sie das nächste Mal mit aller Kraft zuschlagen.

Vorbereitungen für den Angriff auf Deutschland laufen bereits

Die Anschläge der strategischen Terroristen in den kommenden Jahren werden jetzt schon geplant. Ein großer Anschlag braucht eine entsprechende Phase der Vorbereitung. Die kann sich über mehrere Jahre hinweg erstrecken. Als die Al Kaida 1993 ihren ersten Anschlag auf das World Trade Center durchführte, zündete sie eine Autobombe und verursachte dadurch schweren Sachschaden. Durch einen Planungsfehler konnte sie damals ihr Ziel noch nicht erreichen: die »Twin Towers« zum Einsturz zu bringen. Sie mussten ihre Strategie neu überdenken, neu planen, mehrere Angriffsszenarien durchspielen – und zwar jahrelang. Fast ein Jahrzehnt später war es dann so weit. Sie hatten für ihren Zweck ein weitreichendes logistisches Netzwerk aufgebaut, das sich über Landesgrenzen und Kontinente hinweg erstreckte. Die Terroristen, hauptsächlich saudiarabische Staatsbürger, lebten in Deutschland, wurden in Florida zu Piloten ausgebildet, mieteten Wohnungen und Häuser in Kalifornien und entführten Flugzeuge über Neu-England. Aus allen Teilen der Welt kamen sie zum entscheidenden Zeitpunkt zusammen, um gemeinsam ihre Ziele in New York und Washington anzugreifen.

Strategischer Terrorismus läuft normalerweise in mehreren Phasen ab. Nehmen wir Deutschland als Beispiel. In diesem Fall könnte in der ersten Phase irgendwo in Hamburg, Frankfurt, Köln oder Berlin eine Planungszelle gegründet werden, deren Mitglieder allgemeine Informationen für einen Anschlag zusammentragen. Dazu kommen Unterstützerzellen. Dort arbeiten Deutsche, meist Muslime, die in der zweiten oder dritten Generation hier leben. Sie beschaffen Geld und die nötigen Dokumente, besorgen Kreditkarten und kümmern sich um die Unterbringung der Terroristen in sicheren Wohnungen, ganz wie in den 1970er Jahren. Auch die RAF hatte Unterstützer in der Bevölkerung. Die Helfer beschaffen Pläne, Handys, Autos und alles andere, was für den eigentlichen Terroranschlag notwendig ist. Die Zellen selbst waren zuvor als Schläfer über Jahre hinweg inaktiv – bis sie ihr Kommandeur über einen Befehl aktivierte. Dieser Befehl erfolgte, wie schon beschrieben, direkt durch einen Telefonanruf oder eine E-Mail, oder indirekt, etwa, durch einen im Fernsehen ausgestrahlten Beitrag oder eine

Webseite mit einer verschlüsselten und nur für die betreffende Schläferzelle verständlichen Botschaft. Von jetzt an liefert die Zelle alle für den Anschlag wichtigen Informationen an ihren Kommandeur. Das Bundeskriminalamt ist überzeugt, dass es in Deutschland bereits einige solcher Schläferzellen gibt. Wir müssen davon ausgehen, dass einige davon bereits aktiviert sind.

Die Exekutionszellen, also die eigentlichen Attentäter, treffen erst kurz vor dem Anschlag in Deutschland ein, getarnt als Touristen oder als Geschäftsleute. Sie werden mit allen Informationen versorgt, die ihnen die Unterstützer- und Schläferzellen zur Verfügung stellen, lernen ihr Einsatzgebiet kennen und machen sich mit ihrer Ausrüstung vor Ort vertraut.

Die Kommandozelle koordiniert schließlich die Arbeit aller Zellen. Ein Kommandeur wird kurz vor den Anschlägen ebenfalls nach Deutschland reisen, aber schon abgereist sein, ehe die Anschläge stattfinden. Die Kommandeure sind meist hoch gebildet. Bei den ersten Anschlägen auf das World Trade Center 1993 oder bei den Angriffen auf die US-Botschaft in Kenia handelte es sich um mehrsprachige Universitätsabgänger mit guten Computerkenntnissen.

Noch einmal zurück zum Fallbeispiel 9/11. Die konkrete Idee für den Anschlag kristallisierte sich 1999 heraus, gut zweieinhalb Jahre davor. Sie entstand in den Köpfen der Mitglieder einer islamistischen Gruppe in Hamburg, also mitten in Europa. In zahlreichen Treffen in ganz Europa arbeiteten die beteiligten Zellen das Drehbuch für den Anschlag bis ins kleinste Detail aus. Einige der späteren Flugzeugentführer übersiedelten in die USA, um sich an das Leben dort zu gewöhnen und sich mit den Sitten vertraut zu machen. Andere wiederum begannen im April 2001 die Flughäfen und die Flüge auszukundschaften. Die

Flugzeuge mussten genug Treibstoff getankt und nur wenige Passagiere an Bord haben. Ihre Entscheidung fiel schließlich auf transkontinentale Flüge, an einem Dienstag, der gemeinhin als ruhigster Flugtag gilt.

Welches Ziel Terroristen in Deutschland schließlich auswählen werden oder schon ausgewählt haben, hängt von mehreren Faktoren ab. Sie wollen einen sehr verwundbaren Bereich der modernen Gesellschaft treffen, zum Beispiel Massentransportmittel. Die Terroristen behalten dabei immer die Sicherheitsmaßnahmen im Auge und versuchen, diese zu umgehen. Sie würden also kaum den Wirtschaftsgipfel in Davos angreifen, wo die Flugüberwachung massiv ist, jedem Staatschef eine Horde von Leibwächtern zur Verfügung steht und die gesamte Schweizer Armee auf der Lauer liegt. Nein, sie schlagen unerwartet zu, und logischerweise an einem Ort, an dem sich viele Menschen zur gleichen Zeit aufhalten. Überraschend wird auch die Art ihres Angriffs sein. Sie werden Wert darauf legen, mit noch nie da gewesenen Mitteln zu operieren. Dabei werden sie konventionelle Waffen auf neuartige Weise einsetzen. Sie werden zivile Gerätschaften in militärische verwandeln, Linienmaschinen als Marschflugkörper einsetzen, Mini-U-Boote gegen Bohrinseln steuern oder mit Chlorgas beladene Lastwagen in die Luft jagen. Warnen werden sie uns, wie früher beim traditionellen Terrorismus üblich, nicht mehr. Sie werden dann zuschlagen, wenn wir es am wenigsten erwarten. Auf diese Weise vermeiden sie es, sich mit Sicherheitskräften anzulegen. Außerdem werden sie gleichzeitig an mehreren Fronten angreifen, was die Anschläge umso unberechenbarer macht. So war es bei dem vorhin beschriebenen Anschlag in Mumbai am 26. November 2008 und auch am 11. September 2001, als ein Flugzeug in den ersten

Turm des World Trade Centers raste, ein weiteres kurz darauf in den zweiten und gleichzeitig ein drittes das Pentagon angriff. Auf diese Weise verwirren die Terroristen die Hilfskräfte und stellen sie vor eine massive logistische Herausforderung. Wenn in Berlin zum Beispiel in derselben Minute zehn Bomben explodierten und die Zahl der Verwundeten in die Tausende ginge, würde totales Chaos ausbrechen. Trotz der hohen Qualität der deutschen Gesundheitsversorgung wären die Spitäler in der deutschen Hauptstadt völlig überfordert.

Deutschland steht vor einem Dilemma. Weil die deutschen Behörden den nächsten Terroranschlag nicht verhindern können. Sie können bestenfalls die Möglichkeiten minimieren, also versuchen, den Terroristen bei den geplanten Attentaten zuvorzukommen. Anderen europäischen Staaten geht es nicht besser.

Terrorziel Großbritannien

Die Bedrohung Großbritanniens durch den konventionellen Terrorismus geht bis heute von den Nachfolge-Organisationen der Irisch-Republikanischen Armee aus den Anfängen des 20. Jahrhunderts aus – also von der IRA. Es gab in diesem Zusammenhang historisch betrachtet mehrere Zweige. Einer der größten, die Provisional Irish Republican Army oder PIRA, schwor 2005 der Gewalt ab. Nach wie vor geistern jedoch andere Organisationen herum, etwa die Real IRA oder die Continuity IRA, die beim Erreichen ihrer Ziele mit brutaler Gewalt vorgehen. Allein 2009 verübten diese Organisationen 124 Terroranschläge auf britischem Boden. Zwei Soldaten und ein Polizeioffizier kamen dabei ums Leben. Viele weitere Angriffe auf Sicherheitsorgane und Privatpersonen konnten vereitelt werden.

Mittlerweile werden auch immer mehr Rechtsextreme mit terroristischem Potenzial auffällig. Im Netz existieren zuhauf einschlägige Seiten und es wurden bereits zahlreiche Proponenten der rechtsextremen Szene verhaftet, die bei sich zu Hause Sprengstoff in großen Mengen gebunkert hatten. In Süd-Belfast wurden 2009 mehrere Brandanschläge gegen Angehörige der Roma durchgeführt, die sich in Schutzräumen in Sicherheit bringen mussten.

Großbritannien steht aufgrund seiner von der britischen Regierung aktiv betriebenen Rolle als enger Verbündeter der USA auch im Zentrum des internationalen Terrorismus. Das haben die Briten spätestens begriffen, als im Zuge des schon beschriebenen Anschlags auf die Londoner U-Bahn und auf einen roten Doppeldeckerbus nahezu zeitgleich mehrere Bomben explodierten. Alle vier Attentäter wurden in Großbritannien geboren oder lebten dort seit ihrer Kindheit. Sie alle waren, so wie es das Handlungsmuster der Terrornetzwerke gebietet, unauffällig und hatten in vielen Fällen Familie. Alle bis auf einen waren konvertierte Muslime. Germaine Lindsay, der ursprünglich aus Jamaika stammte, konvertierte erst später. Keiner der vier Männer war über dreißig, als sie den Entschluss fassten, den Menschen in London den Krieg zu erklären.

Seither ist der Terror in Großbritannien allgegenwärtig. Im Oktober 2010, nach Terrorwarnungen, die ganz Europa betrafen, war England besonders nervös. In North Hampshire mussten Schulen die Behörden vorab informieren, wenn sie mit ihren Klassen Ausflüge nach London machen wollten. Eltern, die ihr Einverständnis zu einem Schulausflug gaben, mussten von den Lehrern ausdrücklich auf die Terrorgefahr hingewiesen werden.

Der Islam ist schon allein aufgrund der kolonialen Geschichte des Landes ein Teil Großbritanniens. Zahlreiche muslimische Länder gehörten einmal dem British Empire an, so auch Pakistan. Und natürlich hat, wie überall in Europa, auch die Zuwanderung der vergangenen Jahre zum Wachstum der muslimischen Bevölkerung beigetragen. Heute leben in Großbritannien 1,6 Millionen Muslime, womit sie rund drei Prozent der Gesamtbevölkerung ausmachen. Viele Gemeinden haben mittlerweile einen sehr muslimischen Charakter – wie etwa Bradford mit dem zweithöchsten Anteil von Muslimen in England und Wales außerhalb von London. Es ist die Stadt, in der im Jänner 1989 Kopien von Salman Rushdies »Satanischen Versen« öffentlich verbrannt wurden. Die Bürger dieser Gemeinden pflegen enge Verbindungen zur Türkei, dem Iran, Irak, Afghanistan, Somalia und dem Balkan, dort vor allem zu Bosnien, wo viele Muslime leben. Mindestens die Hälfte der britischen Muslime wurde in diesen Ländern geboren. 2006 war ein Drittel von ihnen unter sechzehn Jahre alt – das ist der größte Anteil aller Bevölkerungsgruppen. Sie haben dieselben Probleme wie die Muslime in Deutschland: Geringe Bildungschancen, schlecht bezahlte Jobs, hohe Arbeitslosigkeit, soziale Ausgrenzung, mangelnde Perspektiven. Auch sie gelten deshalb als extrem anfällig für Werber und lassen sich leichter rekrutieren. Viele finden Gefallen an den Terrorvideos von Osama bin Laden. Manche warten möglicherweise erst gar nicht auf einen Rattenfänger, sondern könnten von sich aus beginnen, Bomben zu basteln.

Die wachsenden Probleme durch die anhaltende Immigration haben in Großbritannien eine traurige Geschichte. In den 80er-Jahren war in der unteren sozialen Schicht das »Paki-Bashing« in Mode. Betrunkene Briten ließen ihren Frust an pakistanischen Mitbürgern aus und verprügelten sie. Heute wird die Migration quer durch alle Schichten als Belastung empfunden. Ich gehe davon aus, dass die rechtsradikalen Übergriffe in Großbritannien über kurz oder lang massiv zunehmen werden.

In England, Wales und Schottland kam es erst vor kurzem zur Bildung der Gruppe Combat 18. Die Ziffer 1 steht für den ersten Buchstaben im Alphabet, die Ziffer 8 für den achten – die Initialen von Adolf Hitler. Combat 18 ist die stärkste Neonazi-Bewegung in Schottland. Ihre Aktivisten markieren die Haustüren von Migranten mit Farbe, um später Brandanschlägen auf sie zu verüben. Eine weitere Gruppe ist die International Third Position, die immer wieder Migranten, aber auch Homosexuelle angreift. Die English Defence League ist eine weitere Organisation, zu der auch Mitglieder der gewaltbereiten rechtsradikalen Szene gehören. Ein weiteres Problem Großbritanniens stellen militante Tierschützer dar. Sie befinden sich derzeit in einer Gewaltspirale, denn ihre bisherigen Aktionen gegen Firmen, Forschungsstätten und Einzelpersonen waren von wenig Erfolg gekrönt. Sie sehen auch die Politik als Hindernis auf ihrem Weg zum Tierschutz und werden früher oder später verstärkt zu terroristischen Aktionen greifen.

Terrorziel Frankreich

Frankreich pflegt immer noch ein sehr enges Verhältnis zu Algerien, obwohl der nordafrikanische Staat schon Anfang der 1960er-Jahre in die Unabhängigkeit entlassen wurde. Die französische Regierung unterstützt die algerische und übernimmt damit auch die Verantwortung für die bürgerkriegsähnlichen Zustände in Algerien. Im April 2007 sprengte sich vor dem Regierungssitz in der Hauptstadt Algier ein Selbstmordattentäter in die Luft, weitere Bomben explodierten vor einer Polizeiwache am Rande der Stadt. 24 Menschen waren auf der Stelle tot, 160 wurden schwer verletzt. Wenige Monate vorher hatte die größte Terrororganisation des Landes, die Salafistische Gruppe für Predigt und Kampf, ihren Namen in »Al Kaida des islamischen Maghreb« geändert. Sie bekannte sich zu den Anschlägen und treibt seither ihr Unwesen im nordafrikanischen Raum. Im Februar 2008 etwa nahmen sie in Tunesien ein österreichisches Touristenpaar für acht Monate als Geiseln. Durch Vermittlung Malis wurden die beiden Salzburger wieder freigelassen. Im Januar 2009 verschleppte die Gruppe abermals Touristen. Eine Deutsche und zwei Schweizer wurden freigelassen, ein Brite hingerichtet. Wenige Monate darauf töteten die Terroristen eine französische Geisel, nachdem die Befreiungsaktion einer französischen Spezialeinheit gescheitert war.

»Frankreich steht unter verschärfter terroristischer Bedrohung«, erklärte der französische Generaldirektor der Polizei, Frédéric Péchenard, im September 2010. Er meinte damit die Bedrohung, die von der Al Kaida im islamischen Maghreb ausgeht. Kurz vor diesem Statement hatte die Terrorgruppe in Niger fünf Franzosen entführt und sich in einem Video, das bei Al

Jazeera ausgestrahlt wurde, zu den Geiselnahmen bekannt. Etwa zur gleichen Zeit wurde der Eiffelturm in Paris gesperrt. Der Grund dafür soll eine terroristische Drohung gewesen ein.

2009 starben durch die Konflikte zwischen der algerischen Regierung und den Umstürzlern 804 Menschen und 1300 Regimegegner wurden wegen terroristischer Aktivitäten verhaftet. Aber nicht nur das werfen Muslime der französischen Staatsführung vor: Frankreich geht auch innerhalb der eigenen Grenzen immer stärker gegen sie vor. Zuerst erließ die französische Regierung ein Kopftuchverbot an Schulen. Im Sommer 2010 setzte sie im ganzen Land ein Verbot der Burka, des Ganzkörperschleiers für Frauen, in Kraft – ein Affront gegen die tiefreligiösen Islamisten. Die Al Kaida meldete sich zu Wort und sprach schon im Vorfeld von einer Feindseligkeit, auf die man mit noch größerer Feindseligkeit reagieren werde. »Für die Ehre unserer Töchter und Schwestern werden wir mit sämtlichen uns zur Verfügung stehenden Mitteln Rache an Frankreich und seinen Interessen nehmen«, ließ sie wissen, wie das amerikanische Institut SITE verlautbarte, das auf die Auswertung islamistischer Webseiten spezialisiert ist.

In Zukunft wird auch die Al Kaida in Maghreb immer weniger Unterschied zwischen Franzosen und den Staatsbürgern anderer EU-Staaten machen. Das zeigen auch die zahlreichen Geiselnahmen in Nordafrika. Mitgegangen, mitgefangen, lautet das Motto. Frankreich ist ein Teil der EU, also unterstützen gewissermaßen auch alle anderen Länder die algerische Regierung, womit sie alle zu Feinden dieser Al-Kaida-Gruppe werden. Ihr Führer, Abdelmalek Droukdal, hat dementsprechend alle Ausländer, die für ihre Firmen in Algerien arbeiten, zu potenziellen Feinden erklärt und macht – wie in den genannten Fällen

– auch vor Touristen nicht Halt. Entführungen sind ein wichtiger Teil seiner Strategie, nicht nur, weil sie Medienecho bringen. Die Geiseln bringen nach zähen Verhandlungen, die sich teilweise über Monate erstrecken, oft hohe Lösegeldzahlungen – auch wenn die offiziell niemals zugegeben werden, um nach außen Stärke zu demonstrieren. Mit dem Geld kaufen sich die Terroristen neue Waffen, um Anschläge durchzuführen, noch mehr Europäer zu entführen und erneut Lösegeld zu verlangen.

Dass die Anschläge immer perfider und die Entführungen immer ausgeklügelter werden, hat damit zu tun, dass algerische Frontkämpfer aus Afghanistan und dem Irak heimkehren. Sie waren für mehrere Jahre dorthin entsandt worden und haben in diesen Kriegen ihr Handwerk gut gelernt. Jetzt setzen sie dieses Wissen in Nordafrika ein.

Die soziale Unruhe in Frankreich erhöht das Terrorrisiko zusätzlich. Es brodelt gewaltig. Im Frühherbst 2005 wollten sich zwei französische Teenager vor der Polizei in ein Transformatorhäuschen retten. Die beiden Jungen, aufgewachsen in der Pariser Vorstadt Clichy-sous-Bois, wurden Opfer tödlicher Stromstöße. Die Folge waren wochenlange Aufstände in den Vororten. Jugendliche lieferten sich Schlachten mit der Polizei, bei denen tausende Pkws in Flammen aufgingen. Der heutige Staatspräsident Nicolas Sarkozy, damals noch Innenminister, spielte den harten Mann. Er werde die Vororte mit dem Kärcher säubern, ließ er verlauten. Dabei hätte er besser auf die Probleme eingehen sollen. Denn Frankreich hat aufgrund seiner kolonialen Vergangenheit mit fünf Millionen Muslimen, acht Prozent der Gesamtbevölkerung, den höchsten muslimischen Bevölkerungsanteil in Westeuropa. Algerier, Marokkaner, Tunesier – sie alle haben sich nach der Unabhängigkeit ihrer Mutterländer in Frankreich angesiedelt, und es geht ihnen dort nicht besser als in anderen europäischen Ländern. Die Vororte – französisch: Banlieus, was sich wörtlich etwa mit »Bannmeilen« übersetzen lässt – der großen Städte Paris, Marseille und Lyon sind zu Ghettos mutiert. Hohe Arbeits- und Perspektivenlosigkeit, sowie die soziale Ausgrenzung, bilden dort den perfekten Nährboden für den Terrorismus. Frankreich wird in den kommenden Jahren deshalb noch in arge Schwierigkeiten geraten. Denn die Werber sind bereits überall und sie haben in den Banlieus leichtes Spiel.

Die französische Regierung riskiert auch an anderen Fronten die Entstehung terroristischer Tendenzen. Ein 2010 aufgetauchtes Problem birgt besonderes Bedrohungspotenzial: Frankreich will sämtliche Roma des Landes verweisen. Den Roma, die sich diesbezüglich bisher nichts zuschulden kommen lassen haben, vorweg eine Radikalisierung zu unterstellen, ist, so denken viele, nicht fair. Es bleibt die Frage, wie lange sich eine Volksgruppe derart schikanieren lässt. Warum sollten nicht auch die Roma zu terroristischen Mitteln greifen, um ihrem Unmut Luft zu machen? Das gleiche gilt auch für Ungarn, wo die Roma massiv zum Ziel rechtsradikaler Angriffe geworden sind. Doch dazu später.

Die Regierung kämpft zudem seit langem gegen separatistische Bewegungen, vor allem auf Korsika. Nach dem Algerienkrieg zogen die weißen Franzosen aus Nordafrika zurück ins Mutterland. »Pieds-noirs« werden sie in Frankreich genannt, »Schwarzfüße«. Zwei der berühmtesten sind Jean-Paul Belmondo und Albert Camus. Viele erhielten von der Regierung Kredite und Land auf Korsika und zwar die fruchtbarsten Landstriche – was den einheimischen Korsen verständlicherweise ein Dorn im Auge war. Mitte der 1970er Jahre wurde in einem Kloster die Front de Libération Nationale de la Corse ins Leben gerufen, die seither Bomben legt und Brandsätze zündet. Ihre Ziele sind vorwiegend die Schwarzfüße, aber auch immer wieder Polizeistationen. 2009 führte diese Gruppe mehr als achtzig Terrorangriffe aus.

Die zweite separatistische Bewegung in Frankreich ist die ETA (Euskadi ta Askatasuna), also die baskische Befreiungsbewegung im Norden Spaniens. Sie hat in den vergangenen vierzig Jahren über achthundert Menschen ermordet. In Frankreich selbst ist sie nur mäßig tätig. 2009 verübten sie hier nur acht kleinere Anschläge. Frankreich dient der ETA aber als Unterschlupf, als Rückzugsraum, von dem aus sie ihre großen Anschläge in Spanien plant.

Daneben gibt es in Frankreich, wie in den meisten anderen europäischen Ländern, eine zunehmend gewaltbereite linksextreme beziehungsweise anarchistische Szene, die sich im Moment hauptsächlich auf Brandlegung beschränkt. In Poitier kam es im Oktober 2009 zu einem tödlichen Unfall. Die Terroristen waren offenbar mit der Handhabung der Chemikalien überfordert und sprengten sich selbst in die Luft. Frankreichs Gewaltszene war in der Vergangenheit auch immer wieder durch verschiedene individuelle Strömungen geprägt, etwa durch die Proteste gegen Weinimporte, bei der das Comité d'Action Viticole in Südfrankreich eine Bombe zündete. Proteste jeder Art enden in Frankreich sehr oft gewalttätig. Genannt seien die Demonstrationen im Herbst 2010, bei denen sich Studierende Gefechte mit der Polizei lieferten, weil sie gegen die Anhebung des Pensionsalters eintraten. Auch aus solchen Motiven kann es früher oder später zu kleineren Terroranschlägen kommen.

Terrorziel Spanien

Am 11. März 2004, auf den Tag genau dreißig Monate nach den Anschlägen auf das World Trade Center in New York, nahm die Al Kaida die spanische Hauptstadt Madrid ins Visier. Kurz nach halb acht Uhr früh explodierten in vier Pendlerzügen, die allesamt in den Bahnhof Atocha einfuhren, zehn Bomben. Mehrere andere Sprengsätze gingen nicht hoch. Die Opfer der Bomber, die ihre tödlichen Sprengmittel in Rucksäcken versteckt hatten: 191 Tote und rund 2000 Verletzte. Nach dem Lockerbie-Anschlag auf ein Verkehrsflugzeug des Typs Boeing 747 der amerikanischen Fluglinie Pan-Am am 21. Dezember 1988, bei dem alle 259 Insassen der Maschine starben, war das der bisher verheerendste Angriff in Europa. Die Bomben waren kaum explodiert, als die konservative spanische Regierung die Schuld schon auf die ETA schob. Doch die ETA hätte anders agiert, das wissen auch die Spanier. Die ETA hätte gewarnt und zwar rechtzeitig, um die Züge zu räumen. Gegen die ETA sprach auch die Zahl der Todesopfer. An die 200 Zivilisten zu töten wäre wohl auch für sie zu blutrünstig gewesen. Osama bin Laden hingegen hatte Spanien noch im Oktober 2003 über den Sender Al Jazeera gewarnt: Spanien hatte seine Soldaten zur Unterstützung der USA in den Irak geschickt. Übrigens: Im September 2009 wurde in New York City ein geplanter Terroranschlag vereitelt, der in der U-Bahn nach dem Madrid-Muster hätte ablaufen sollen. Bei Hausdurchsuchungen in Queens fand die Polizei – neben Computern und Mobiltelefonen – neun mit Sprengstoff gefüllte Rucksäcke.

Bis ins letzte Detail werden die Madrid-Anschläge wohl nie aufgeklärt werden, denn wenige Wochen danach sprengten sich die Planer des Terroranschlags während einer Razzia in Spanien in die Luft. Verurteilt wurden trotzdem noch mehr als zwei Dutzend Menschen, darunter mehrere Marokkaner, die mit der Al Kaida sympathisierten. Unter den Verurteilten befand sich auch ein Spanier. Der Bergarbeiter hatte den Attentätern den Sprengstoff verkauft. Ob er gewusst hatte, wofür der verwendet werden sollte, sei dahin gestellt. Wichtig ist zu erwähnen, dass viele Terrorgruppen mit ebensolchen Insidern arbeiten. Und dass die Al Kaida ihr Ziel erreichte: Denn drei Tage nach den Attentaten fanden in Spanien Wahlen statt. Die Regierung wurde abgewählt. Die neu gewählten Sozialdemokraten zogen als eine ihrer ersten Handlungen die spanischen Truppen aus dem Irak ab.

Spanien hat noch einen relativ geringen Anteil an Muslimen. Eine Million Menschen, etwa 2,3 Prozent der Bevölkerung, gehören dem Islam an. Die meisten Muslime stammen aus Nordafrika, dem Nahen Osten und Südasien. Dazu kommen noch etwa 20.000 Konvertiten. Doch die Anschläge vom 11. März, die in Spanien kurz »11-M« genannt werden, zeigen, dass sich kein Land sicher fühlen darf. Und Madrid war nur der Anfang.

In Spanien wird besonders deutlich, wie der fundamentalistische Terrorismus den separatistischen ablöst. Die Aktivitäten der ETA haben in den vergangenen Jahren spürbar nachgelassen. 2009 führte die ETA 14 Anschläge aus, im Jahr zuvor waren es noch 35 gewesen. Auch die galizischen separatistischen Bewegungen verüben nach wie vor Anschläge, 2009 waren es insgesamt neun. Ein Polizist starb, weil die ETA eine Bombe unter seinem Privatauto platziert hatte, zwei weitere starben auf den Balearen durch eine Bombe unter ihrem Streifenwagen. Sechzig Personen wurden verletzt, als eine 200 Kilogramm schwere Autobombe vor einem Gebäude detonierte, das vorwiegend von Polizisten und deren Familien bewohnt wurde. Der Wagen war vorher in Frankreich gestohlen und mit spanischen Kennzeichen ausgestattet worden. Einmal mehr zeigten sich darin die typischen Merkmale des konventionellen Terrorismus: Er führt seine Attentate immer gezielt aus, die ETA richtete sich meist gegen Polizisten. Bei ihren Attacken sterben zwar Menschen, aber nie eine größere Zahl. Während es der islamistische Terror auf immer gewaltigere Blutbäder anlegt, hat die ETA 2010 eine Gewaltabsage verkündet. Vierzig ihrer Mitglieder waren im Jahr zuvor verhaftet worden, darunter einer ihrer Rädelsführer. Die französische Polizei hatte außerdem fast eine Tonne Material zur Herstellung von Bomben beschlagnahmt. All das zeigt, dass die internationalen Terrortrends auch für Spanien gelten: Die ETA wird in nicht allzu ferner Zukunft in der Bedeutungslosigkeit versinken, während der islamistische Terror zunehmen wird. Grund genug dafür gibt auch die aktuelle Regierung. Spanien kämpft in Afghanistan und hält mit den Städten Ceuta und Melilla noch immer zwei Enklaven in Nordafrika – eine Tatsache, mit der sich Marokko nicht abfindet. 2002 besetzten marokkanische Gendarmen die Petersilieninsel im Mittelmeer, einen Felsblock, der ebenfalls zu Spanien gehört. Spanische Soldaten eroberten die Insel zurück und stellten Marokko bloß. All das sind Punkte, die den Zorn vieler Islamisten auf sich ziehen. Die iberische Halbinsel, die Balearen und die Kanaren gehören außerdem zu den beliebtesten Tourismusgebieten Europas. Dort ist Spanien auch wirtschaftlich angreifbar. Ein großer Anschlag auf eine dieser Urlaubsdestinationen wäre für Terroristen überaus attraktiv. Die Auswirkungen eines solchen Anschlags wären angesichts deutscher, britischer und anderer EU-Bürger weit über die Grenzen Spaniens hinaus spürbar und würden die gesamte Europäische Union erschüttern.

Terrorziel Portugal

Portugal ist, wie viele andere Länder Europas, zu klein und steht zu wenig im Zentrum der europäischen und weltweiten Aufmerksamkeit, um ein herausragendes Ziel für Terroranschläge zu sein. Nationale Symbole gibt es wie in jedem anderen Land auch, jedoch sind sie im Rest Europas weitgehend unbekannt. Ein Anschlag auf die Vasco-da-Gama-Brücke, die mit ihren 17 Kilometern die längste Brücke Europas ist, wäre zwar fatal, bekäme jedoch kaum die gleiche mediale Aufmerksamkeit wie etwa ein Anschlag auf das Brandenburger Tor in Berlin. Doch Portugal ist ein Beweis dafür, wie flexibel Terrororganisationen agieren können. Nachdem für die ETA der Druck in Frankreich immer größer geworden war und ihre Nachschublager immer öfter aufgeflogen waren, entschloss sich die Terrororganisation, eine zweite Basis außerhalb Spaniens zu eröffnen: Neben Frankreich nun auch in Portugal.

Terrorziel Ungarn

In Ungarn dreht sich eine Spirale der Radikalisierung mit stärker werdenden Gewalttendenzen, die nichts mit islamistischem Terror zu tun hat. Die rechte Partei Jobbik Magyarországért Mozgalom – zu Deutsch etwa »Bewegung für ein besseres Ungarn« – zog nach den Wahlen im April 2010 ins Parlament ein, und das gleich als drittstärkste Partei. Jobbik ist offen antisemitisch, antiziganistisch, nationalistisch und rechtsextrem. Die Partei tritt gegen »das jüdische Kapital« und für ein »Großungarn« ein, sie will also die Zusammenführung aller Ungarn, auch jener aus der Slowakei und Rumänien. Viele Elemente der Parteiideologie erinnern an die Zeit des Nationalsozialismus. Die Partei ist der politische Flügel der paramilitärischen Ungarischen Garde, die mit schwarzen Uniformen und weißen Hemden aufmarschiert. Die Garde wurde zwar vom Obersten Gerichtshof in Ungarn verboten und aufgelöst. Kurze Zeit später wurde sie aber schon wieder als »Neue Garde« wiederbelebt. Ähnlich wie Hitlers Sturmabteilung zu Zeiten der Weimarer Republik ist auch die ungarische Neue Garde für den Saalschutz bei Veranstaltungen zuständig. Sie rekrutiert sich hauptsächlich aus Arbeitslosen.

In den vergangenen Jahren hat in Ungarn die Zahl der rechtsradikalen Übergriffe auf Sinti und Roma stark zugenommen. In einer Roma-Siedlung im ungarischen Tátarszengyörgy etwa wurden Häuser angezündet. Als sich die Bewohner in Sicherheit bringen wollten, wurden sie aus der Deckung mit Gewehren ins Visier genommen. Mehrere Rechtsextremisten wurden wegen Mordverdachts verhaftet, trotzdem blieben diese Vorfälle kein einmaliges Ereignis. Mindestens sechs Roma starben offiziellen Berichten zufolge auf diese Weise, die Dunkelziffer soll weitaus höher sein. Überall in Ungarn entstehen mittlerweile paramilitärische Trainingslager, in denen die Rechtsradikalen den Guerillakampf proben.

Vier im Jahr 2009 in Ungarn geplante Terrorangriffe sollen auf eine andere rechtsextremistische Bewegung zurückgehen: die »Pfeile der Ungarn – Nationale Befreiungsarmee«. Die Polizei konnte drei dieser Angriffe noch rechtzeitig während der Vorbereitungsphase stoppen. Den vierten Versuch gaben die Extremisten selbst auf. Ihre Vorgehensweise war dabei immer die gleiche: Mit Sprengstoff gefüllte Fußbälle sollten in den Wohnorten von Parlamentariern platziert und schließlich zur Detonation gebracht werden.

Terror hat in Ungarn keine große Tradition. Im Laufe seiner Geschichte blieb das Land überwiegend davon verschont. Trotzdem erwarte ich, dass die Terrorakte durch die ständige Militarisierung des extrem rechten Randes zunehmen werden. Es ist nur eine Frage der Zeit, bis die Mitglieder der Neuen Garde ihr Wissen, das sie sich in Trainingscamps aneignen, in die Tat umsetzen und Politiker und Wirtschaftstreibende ins Visier nehmen.

Terrorziel Österreich

Österreich ist ein Beispiel dafür, dass sich auch kleine Länder, die nicht als primäre Terrorziele gelten, nicht mehr sicher fühlen dürfen. Spätestens seit dem Frühjahr 2007 müsste auch den größten Zweiflern in Österreich klar sein, dass das Land, obwohl es im internationalen Terrorismus-Ranking nur an der 78. von 160 Stellen liegt, keine Insel der Seeligen mehr ist. Die Globale Islamische Medienfront, eine Medienabteilung der Al Kaida, veröffentlichte damals ein Video, in dem Deutschland bedroht und aufgefordert wurde, seine Soldaten aus Afghanistan abzuziehen. Zum ersten Mal wurde darin auch Österreich erwähnt und auf ähnliche Weise bedroht, ebenfalls aufgrund seiner, wenn auch sehr geringen, Beteiligung am Afghanistan-Feldzug.

Der Verfasser des Videos war ein halbes Jahr später gefunden. Mohamed Mahmoud, ein Wiener, hatte es produziert. Der Vater des jungen Mannes stammt aus Ägypten und war dort Mitglied der Muslimbruderschaft, einer radikalen Bewegung, die für mehrere Anschläge in Ägypten verantwortlich zeichnete. Mohamed Mahmoud wurde nach dem Einmarsch der US-Truppen im Irak in einem dortigen Terrorcamp ausgebildet und kämpfte bereits als 18-Jähriger gegen die Besatzungstruppen. In die Heimat zurückgekehrt, gründete er die Islamische Jugend Österreichs, die vom Bundesamt für Verfassungsschutz und Terrorismusbekämpfung (BVT) als gefährlich eingestuft wird. Das BVT überwachte ihn, schleuste einen Trojaner in seinen Computer ein und forschte ihn auf diese Weise aus. Er wurde verhaftet und von einem Geschworenengericht verurteilt. Bevor er aufflog, hatte Mohamed Mahmoud online unter anderem Erkundigungen darüber eingezogen, wie er einen medienwirksamen

Anschlag während der Fußball-Europameisterschaft durchführen kann, die 2008 in Österreich stattfand.

Dass es Österreich insgesamt tunlichst vermeidet, sich international freiwillig zu exponieren, stellt keine Sicherheitsgarantie dar. Die Vorstellung, dass Terroristen Österreich nichts tun, weil es ihnen nichts tut, wäre falsch. Terroristen sind kühle Rechner. Sie greifen nicht den unsympathischsten Gegner an, sondern das schwächste Glied in der Kette. Dies zeigte sich deutlich bereits am 27. Dezember 1985, als beinahe zeitgleich die Flughäfen in Wien und Rom Ziel von Terroranschlägen wurde. Damals starben in Wien drei Passagiere und 40 Personen wurden verwundet. Und es gibt auch heute in Österreich eine Reihe von Zielen, die für Terroristen interessant sein könnten – etwa, weil ein Angriff auf sie mit einem Schlag viele Menschenleben kosten, besonders großen wirtschaftlichen Schaden anrichten oder ungewöhnlich große mediale Effekte erzielen würde. Allen voran sind in diesem Zusammenhang das OPEC-Gebäude und die UNO-City zu nennen. Die Wiener UNO-Aktivitäten sind in fünf Türmen gebündelt, die vom angrenzenden Donaupark oder auch von der Wagramer Straße aus Möglichkeiten zum Angriff bieten. Besonders gefährdet sind Massenverkehrsmittel und Energieversorger, wie die OMV mit ihrer Raffinerie in Schwechat. Ein Anschlag auf sie würde wegen der Rauchentwicklung je nach Windrichtung den Flugbetrieb am nahen Flughafen lahmlegen oder unter der Wiener Bevölkerung Panik auslösen. Der ORF wäre in wenigen Minuten da, um die Bilder prompt in die ganze Welt zu übertragen. All diese Faktoren erhöhen die Wahrscheinlichkeit eines Angriffs.

Die OMV, die gerne auf ihr modernes Sicherheitssystem pocht, muss nicht nur die Raffinerie sichern, bei deren Ausfall es anders als in Schweden oder in der Schweiz keine österreichischen Reservekapazitäten mehr gäbe. Bedroht sind auch ihre Gasverteilungsknoten, über die weite Teile Europas versorgt werden. Dazu gehört auch ein Gasversorgungsknoten im niederösterreichischen Baumgarten, über den jährlich 43 Milliarden Kubikmeter Gas in Richtung Deutschland, Italien und Frankreich fließen, und der aufgrund seiner strategischen Bedeutung ein erhöhtes Sicherheitsrisiko darstellt.

Auch andere Unternehmen könnten für Terroristen interessant sein. In Unterlagen der amerikanischen Regierung, die Ende 2010 vom Enthüllungsportal Wikileaks im Internet veröffentlicht wurden, werden etwa die Firmen Baxter und IGIV Octapharma Pharmazeutika genannt. Beide Pharmaunternehmen sind in Wien ansässig. Die Aussicht, mit einem Anschlag auf diese beiden Firmen die Gesundheitsversorgung massiv zu schwächen, könnte für Terroristen verlockend sein.

Der Wiener Flughafen ist für Terroristen ebenfalls heute – wie bereits 1985 – als Angriffsziel reizvoll. Terroristen könnten zum Beispiel eine dicke Stahlwand in die Rückseite eines Betonmischers schweißen, ihn mit einem Gemisch aus 94,5% Ammonsalpeter, 5,5% Heizöl und Aluminiumpulver und als Katalysator Mangandioxid oder Eisen(III)-oxid füllen und mit einem Zünder versehen. Damit das Ganze wie Zement aussieht, wird zusätzlich Sand dazugegeben. Der Lkw, getarnt als Baustellenfahrzeug, fährt damit zum Terminal und wird zur Detonation gebracht. Die rollende Kanone würde eine Sprengkraft entwickeln, mit der durch das Gebäude hindurch auf die parkenden Maschinen geschossen werden könnte.

Ich habe einmal mit einer Wissenschaftlergruppe an der Salzburger Universität Szenarien mit einem Selbstmordattentäter bei den Salzburger Festspielen durchgespielt. Eine logische Überlegung, denn das Who is who aus Wirtschaft, Politik und Kultur von halb Europa ist dort versammelt. Das mediale Echo einer Attacke in der Mozartstadt zu diesem Zeitpunkt wäre also enorm. Gefahr besteht auch beim Wiener Donauinselfest, Europas größter Freiluftveranstaltung und beim Neujahrskonzert im Musikverein – live übertragen in hunderte Länder auf der ganzen Welt.

Die Partnership-for-Peace-Länder, also NATO-Partnerländer wie Österreich, sind aus Gründen der Geheimhaltung nicht in die NATO-Evaluierung über die Fähigkeit der Einsatzkräfte im Falle eines katastrophalen Terrorangriffs eingebunden. Doch Erkenntnisse daraus betreffen auch Österreich: Für Anschläge von der Art des Katastrophenterrorismus wären die Einsatzkräfte nicht ausreichend gewappnet. Ginge zum Beispiel in der Wiener Innenstadt eine primitive nukleare Bombe hoch, würde das absolute Chaos herrschen. Polizei, Feuerwehr und Rettung wären bei einem Anschlag mit vielen Toten überfordert. Im Rahmen einer internationalen NATO-Demonstrationsübung liefen bei den Schutzanzügen der Spezialeinsatzkräfte nach zwanzig Minuten die Scheiben an oder es wurde darin so heiß, dass der Einsatz nach einer halben Stunde abgebrochen werden musste. In anderen Fällen funktionierte die Kommunikation zwischen den Trägern der Anzüge nicht. Unterschiedliche Software zur Berechnung der radioaktiven Kontamination lieferte zum Teil widersprüchliche Ergebnisse. Die Frequenzen der Sprechfunkgeräte einzelner Einheiten passten nicht zusammen, die Netze waren nur bis zu einer bestimmten Zahl an Gesprächen verwendbar, dann brachen sie komplett zusammen. Auch die medizinischen Versorgungsmöglichkeiten sind trotz der bekannt hohen Qualität des Wiener Gesundheitssystems im Falle eines derartig großen Terroranschlags unzureichend. Es gibt nur ein paar Dutzend fixe Betten für radioaktiv verseuchte Opfer mit schweren Verbrennungen und zu wenige der herkömmlichen Spitalsbetten ließen sich dafür adaptieren. Es ist auch fraglich, ob im Extremfall 10.000 Leichensäcke zur Hand wären und wie man, im Fall eines Anschlags im Sommer, für sie kühlbare Lagermöglichkeiten schaffen könnte.

Das alles mag gerade im Falle der beschaulichen Alpen-republik weit hergeholt klingen, doch noch einmal: Das Selbst-verständnis der Österreicher, wonach sie ohnedies jeder lieb hätte, ist längst Illusion. So hat die Al Kaida im Maghreb eine Fatwa erlassen, laut der sich künftig alle Länder, die das dort herrschende System unterstützen, schuldig machen. Dazu zählt auch Österreich. Nicht zufällig wurden Österreicher in Nord-afrika Entführungsopfer und nicht zufällig wurden bereits An-schläge auf das österreichische Mineralölunternehmen OMV durchgeführt.

Zudem gilt auch in Österreich das gleiche wie für viele an-dere europäische Staaten: Die 339.000 Muslime machen hier in-zwischen einen nennenswerten Bevölkerungsanteil aus. Zwar sind ihre Lebensumstände im Schnitt deutlich besser als etwa in Frankreich. Aber auch österreichische Muslime sehen sich vermehrt mit einer Chancenlosigkeit konfrontiert und wer-den immer stärker sozial ausgegrenzt. Die Ressentiments ge-gen sie nehmen auch hier zu – zum Teil unterstützt von der be-reits erwähnten FPÖ. Die österreichische Regierung erkennt die Situation zwar, unternimmt aber viel zu wenig dagegen. Junge Terroristen lassen sich deshalb inzwischen auch in Österreich rekrutieren. Und der Druck steigt: In den Wiener Ausländerbezirken werden bereits vermehrt Übergriffe auf Muslime registriert, etwa auf Frauen mit Kopftuch. Derlei gilt gemäß der österreichischen Gesetzgebung allerdings nicht als Terroranschlag, sondern als rechtsextreme Gewalt. Wer einen Afrikaner mit einem Baseballschläger in der U-Bahn niederschlägt, ist hier vor dem Gesetz kein Terrorist. Wer ihn mit einer kleinen Menge Sprengstoff attackiert, dagegen schon.

Ein gewisses Risiko ergibt sich für Österreich auch aus seiner Nähe zum Osten. Verschiedene Diaspora-Gesellschaften haben sich deshalb hier angesiedelt. Die Regimegegner aus Tschetschenien etwa haben Wien als den Stützpunkt ihrer Exil-Regierung auserkoren. Im Jänner 2009 streckten Unbekannte den Tschetschenen Umar Israilov auf offener Straße in Wien-Floridsdorf mit mehreren Schüssen nieder. Israilov verstarb wenig später im Spital. Dieser Anschlag dürfte weniger auf eine terroristische Vereinigung, als vielmehr auf die tschetschenische Regierung zurückgehen, die ihre Finger bis nach Österreich ausstreckt.

Österreich erlebte aber bereits einen spektakulären Fall von religiös motiviertem importiertem Terrorismus: Im Mai 2009 stürmten bewaffnete Inder einen Tempel in der Nähe des Wiener Westbahnhofs. Im Tempel waren zu diesem Zeitpunkt zwei Gurus einer Sekte aus Indien zu Besuch und predigten. Die jungen Männer fackelten nicht lange, zogen Pistolen und schossen wild in die Menge. Sie trafen einen der Gurus, der wenig später seinen Verletzungen erlag. Die Menge im Tempel war außer sich. Sie überwältigte die Attentäter und prügelte auf sie ein. Den Attentätern war die Art, wie die Gurus ihre Religion auslegten, ein Dorn im Auge gewesen. Der Anschlag hatte sogar Auswirkungen bis nach Indien: Die Anhänger der Gurus gingen in

Punjab auf die Straße, Autos und Eisenbahnwaggons gingen in Flammen auf.

Ebenfalls in die österreichische Geschichte eingegangen ist Franz Fuchs. Mit seinen Briefbomben, von denen eine die Hand des damaligen Wiener Bürgermeisters Helmut Zilk zerfetzte und eine andere die kroatischstämmige ORF-Moderatorin Silvana Meixner schwer verletzte, sorgte er in ganz Europa für viel Aufsehen. Doch Franz Fuchs war weniger ein Terrorist, sondern eher ein geistig beeinträchtigter krimineller Einzeltäter. Das Ausmaß seiner geistigen Abnormität zeigte sich eindrucksvoll während seiner Verhandlung: Im Gegensatz zu anderen Terroristen versteckte sich hinter seinen Bomben keine Mission, keine tiefere Bedeutung, nur irrationaler Fremdenhass.

Terrorziel Italien

Italien blickt auf eine lange Tradition linksextremer terroristischer Anschläge zurück. Die Brigate Rosse, die Roten Brigaden, waren eine kommunistische Untergrundorganisation aus den 1970er-Jahren. 1978 gelang es dieser Gruppe den ehemaligen Ministerpräsidenten Aldo Moro zu entführen und zu ermorden. Die Zahl ihrer Anhänger war beachtlich: Die Organisation hatte am Höhepunkt fast 1500 Mitglieder. Ende der 1980er-Jahre war es dann vorbei mit ihr. Allerdings nur vorläufig, denn 1999 tauchte sie wieder auf. Mittlerweile werden ihr gleich drei neue Morde zur Last gelegt. Mehrere Personen aus ihrem Umkreis wurden verhaftet, angeblich hatte die gefürchtete Terrororganisation ein Attentat auf Ministerpräsident Silvio Berlusconi geplant. Auch andere linke Terrororganisationen, etwa die FAI, die Federazione Anarchica Informale, stehen mittlerweile auf der Liste der Terrorfahnder. Im Jahr 2009 wurden ihnen zwei Attentate zugeschrieben, eines richtete sich gegen den Chef der Einwanderungsbehörde, das andere gegen die Universität Bocconi in Mailand. Wie die Roten Brigaden hatten es auch diese Gruppierungen auf ihren Ministerpräsidenten abgesehen. Im Frühjahr 2010 fing die Post einen Brief an Berlusconi ab, der eine Patrone enthielt. »Du wirst wie eine Ratte enden«, schrieben die anarchistischen Terroristen. Ein Ende des linken Terrorismus ist in Italien noch lange nicht in Sicht. Im Gegenteil: Durch die wirtschaftlich sehr angespannte Lage verzeichnen die Linksextremisten gegenwärtig sehr großen Zulauf.

Was den islamistischen Terror betrifft, geht es Italien nicht viel besser als Frankreich oder Deutschland. Das italienische Heer kämpft an der Front in Afghanistan und Italien gehört zur von der USA initiierten »Koalition der Willigen«, die den Krieg im Irak unterstützten. Die transatlantische Achse mit den USA ist seit jeher sehr stark und Berlusconi gilt als einer der großen Verfechter der Politik des früheren US-Präsidenten George W. Bush. Hinzu kommt, dass Italiens Wahrzeichen über die Grenzen Europas hinaus bekannt sind und wie die spanischen täglich von tausenden Touristen besucht werden.

Im November 2009 wurde in Italien ein Algerier verhaftet, der die Al Kaida im Maghreb mit mindestens einer Million Euro finanziert hatte. Aufgetrieben hatte er das Geld durch Dokumentenfälschung, Raub und Diebstahl. Einen Monat zuvor versuchte ein 34-jähriger Libyer einen Anschlag auf die Kaserne Santa Barbara in Mailand. Der Mann wollte unbedingt in die Kaserne. Als ihn Soldaten daran hinderten, zündete der Libyer, der seit 2003 legal in Italien lebte, eine Bombe, die er im Aktenkoffer bei sich hatte. Es hätte wohl ein Selbstmordattentat werden sollen. Der Mann verlor dabei seine Hand und zog sich schwere Augenverletzungen zu. Einer der Soldaten, die ihn aufhalten wollten, wurde leicht verletzt. Ermittler gaben später an, dass der Mann damit gegen die italienische Beteiligung am Krieg in Afghanistan protestieren wollte. Die Kaserne Santa Barbara war nicht zum ersten Mal Ziel eines Anschlags gewesen. Ein Jahr davor hatten es zwei Marokkaner auf sie abgesehen. Allerdings wurden auch sie festgenommen, ehe sie zuschlagen konnten.

Cyberterrorismus

Europa wird sich in Zukunft stärker mit dem Phänomen des Cyberterrorismus auseinandersetzen müssen. Einen ersten Vorgeschmack gaben die Ereignisse rund um die Enthüllungsplattform Wikileaks Ende 2010. Die unabhängige Website veröffentlichte tausende geheime Dokumente aus dem US-Regierungsapparat, die teils peinliche, teils aber hochbrisante Informationen enthielten. Um Wikileaks entbrannte daraufhin eine hitzige Diskussion, es gab Stimmen, die das Vorgehen der Aktivisten unverantwortlich fanden – und andere, die der Meinung waren, die Öffentlichkeit habe Anspruch auf so viel Information wie möglich, um jeden Preis. Wikileaks-Chef Julian Assange jedenfalls wurde schließlich in London verhaftet, weil er angeblich in Schweden zwei Frauen vergewaltigt haben soll. Seine Anhänger hielten das für eine Intrige der US-Regierung, der Assange mehr als nur ein kleiner Stachel im Fleisch ist – und nahmen Rache. In gezielten Attacken wurden Websites wichtiger großer Unternehmen binnen Minuten komplett lahmgelegt. Visa gehörte dazu, Mastercard und eine Schweizer Bank.

Doch das ist nur der Anfang. Terroranschläge in bisher ungeahnten Dimensionen werden kommen, so viel ist sicher. Terroranschläge, die parallel zu massiven Angriffen über das Internet verübt werden könnten. Über das Netz kann der Schaden maximiert werden. Mit Sprengstoff, sei er konventioneller oder nuklearer Art, werden Terroristen tausende, vielleicht sogar hunderttausende Menschen in den Tod reißen – doch es sind die begleitenden Maßnahmen im World Wide Web, die das Chaos perfekt machen werden. Die Terroristen können auf diese Art die Einsatzkräfte massiv in die Irre führen oder zum Beispiel

Alarmmeldungen blockieren. Das heißt unter dem Strich: Die Reaktion des Systems zur Hilfeleistung und Begrenzung des angerichteten Schadens kann durch einen Cyberangriff massiv beeinträchtigt werden. Die Einsatzkräfte wären, so wie sie zum jetzigen Zeitpunkt in den meisten europäischen Ländern aufgestellt sind, im Falle eines katastrophalen Terroranschlags ohnehin schon zu einem großen Teil überfordert. Mit einem parallelen Cyberanschlag wären sie praktisch vollkommen außer Gefecht gesetzt. Das ist die große Gefahr des Cyberterrorismus.

Mit dem Terror im Netz befassen sich Terroristen bislang nur marginal. Für Terroristen ist Cyberterror aber eine zu verlockende Waffe für ihr Portfolio der Zerstörung, als dass sie ausgespart werden könnte. Einen kleinen Vorgeschmack darauf haben wir auch früher schon bekommen. Ein Beispiel: Noch vor wenigen Jahren stand auf einer Anhöhe in der estnischen Hauptstadt Tallinn ein traurig aussehender russischer Soldat aus Bronze. Einen Stahlhelm in der rechten Hand, das Gewehr geschultert, blickte er mit gesenktem Kopf auf dreizehn gefallene russische Soldaten, die zu seinem Fuße begraben lagen. Sechzig Jahre stand der Soldat dort. Für Russland war er ein Symbol für die Befreiung Tallinns und für den Sieg im Zweiten Weltkrieg. Für die Esten jedoch war er ein Zeichen der Unterdrückung und der jahrzehntelangen Unfreiheit innerhalb der Sowjetunion.

Dass sich die russische Minderheit selbst anderthalb Jahrzehnte nach dem Zerfall der Sowjetunion noch zweimal im Jahr vor dem Denkmal traf, war den Esten ein Dorn im Auge. Wieder und wieder kam es zu Protesten, bis das estnische Parlament beschloss, den Bronzesoldaten samt seinen begrabenen Kameraden zu verlegen, und zwar auf den Kriegsgefallenenfriedhof. Die russischen Proteste waren massiv. Unter anderem blockierte eine

Jugendorganisation tagelang die estnische Botschaft in Moskau und estnische Produkte wurden in Russland boykottiert. Das Bemerkenswerte daran: Fast gleichzeitig fielen zahlreiche Server in Estland wegen Überforderung aus. Statt den üblichen tausend Zugriffen pro Tag verzeichneten einige plötzlich zweitausend Zugriffe pro Sekunde. Die Webseiten der Regierung, von Zeitungen und Magazinen, sowie von Telefonprovidern, waren tot. Zwei Banken mussten ihre Onlinedienste vorübergehend sogar einstellen und in ganz Estland kam es zu Datenverlusten. Das Phänomen heißt »DoS«, kurz für »Denial of Service«. Die Server weigerten sich, das zu tun, wofür sie programmiert waren. Wochenlang dauerten die Ausfälle, bei denen von verschiedenen IP-Adressen so viele E-Mails auf einmal losgeschickt wurden und so viele Zugriffe und sinnlose Anfragen gleichzeitig erfolgten, dass auch die besten Server überfordert waren. Fatal für einen der bestvernetzten Staaten der Europäischen Union, der als erster sein Wahlsystem umgestellt hat, damit die Bürger ihr Parlament online wählen können.

Die Angreifer bedienten sich zahlreicher Computer weltweit, ohne dass deren Besitzer und Benützer davon Kenntnis hatten. Gesteuert wurden die Attacken über russische Computer, doch die russische Regierung wiegelte ab. Der Cyberspace sei überall, meinte damals der russische Botschafter in Brüssel lakonisch. Die Hacker hätten vielleicht gefälschte IP-Adressen verwendet, um dem Ruf des Kremls zu schaden, so die offizielle Diktion. Außer Estland selbst wollte niemand die russische Regierung beschuldigen. Die diplomatischen Konsequenzen wären unabsehbar gewesen. Eine speziell dafür eingesetzte internationale Untersuchungskommission konnte keinen Hinweis auf eine Involvierung staatlicher Stellen in Russland finden.

Auch zwischen China und Taiwan kam es schon zu ähnlichen Vorfällen, und während des Kosovo-Krieges wurden mehrere NATO-Server zum Ziel derartiger Angriffe. In letzterem Fall protestierten Hacker damit gegen die Bombardierung Serbiens. Die NATO schickte Sicherheitsexperten, um das Problem zu lösen.

Die Idee des Erfinders des World Wide Web basiert auf ständiger Verfügbarkeit ohne zeitliche und örtliche Beschränkung. Das heißt aber auch, dass Cyberattacken immer und von überall aus erfolgen können. Die Spuren der Täter lassen sich so gut wie nicht zurückverfolgen. Denn jemand, der mit den technischen Abläufen des Internets vertraut ist, kann eine IP-Adresse problemlos fälschen. Wir müssen beim Kampf in der virtuellen Welt zwischen drei Begriffen unterscheiden: dem Cyberkrieg, der Cyberkriminalität und dem Cyberterror. Die Unterscheidung ist selbst für Experten schwierig, weil niemand die Angreifer identifizieren kann und damit auch ihre Motive unklar bleiben. Die Angreifer verfügen damit über eine perfekte Deckung. Neue Software erlaubt es ihnen, einen Cyberterroranschlag über das Internet so durchzuführen, dass die beschädigten Computer vorerst ganz normal weiterarbeiten und Wochen vergehen, ehe der Angriff überhaupt bemerkt wird. Auch die militärische Kommunikation ist verwundbar. Sie erfolgt zu einem großen Teil über handelsübliche Software. Hacker haben leichtes Spiel. Hier wird oft an der falschen Stelle gespart, nämlich an der Entwicklung einer speziellen und sicheren Software.

Ein Cyberanschlag lässt sich auch physisch durchführen. Die Terroristen bräuchten nur ein Server-Zentrum in die Luft zu jagen oder die Datenkabel zu kappen. Wenn es ihnen gelingt, einen hinreichend großen elektromagnetischen Impuls freizusetzen, können sie die Daten ganzer Festplattenzentren beschädigen. Wahrscheinlicher ist dennoch ein virtueller Angriff. Ein probates Mittel dafür sind Bot-Netze, also autonome Programme, die sich selbst auf vielen Computern installieren und im Hintergrund ihre Aufträge ausführen. Sie dringen in ein Netzwerk ein und funktionieren über Fernsteuerung. Wer immer an dieser Fernsteuerung sitzt, kann damit ganze Firmen lahmlegen – oder eben Regierungsbehörden, wie das in Estland geschehen ist. Und weil die Architekturen solcher Bot-Netze immer komplexer werden, sind sie immer schwerer mit gewöhnlichen Schutzprogrammen wie zum Beispiel Firewalls abzuwehren.

Ein Hacker sitzt irgendwo in seinem stillen Kämmerchen und entwickelt ein schädliches Programm. Ein Terrorist bekommt Wind davon und kauft ihm das Programm ab. Oder der Hacker arbeitet von vornherein für den Terroristen, womöglich ohne zu wissen, was sein Auftraggeber im Schilde führt. Der Terrorist installiert das Programm unbemerkt auf einer Webseite, mittels eines Werbebanners zum Beispiel, oder indem es ein Insider mittels USB-Stick einspeist. 2005 wurde bei YouTube und MySpace in Werbebannern versteckte schädliche Software entdeckt. Google durchsuchte zwei Jahre später Millionen von Internetseiten. Mehr als eine Million Seiten waren infiziert worden. Microsoft entfernte 2006 Teile einer schädlichen Software von vier Millionen Computern und Webservern. Cyberkriminalität verschafft Terroristen vielerlei Vorteile. Auf diese Weise können sie zum Beispiel Identitäten stehlen. Eingespeiste Software durchsucht den infizierten Computer nach Namen, Adressen, Geburtsort, oder Sozialversicherungsnummer. Mit einer Digitalkamera und einem Laminiergerät können so Führerscheine oder Bankauszüge nachgebaut werden. Der Firma Mastercard etwa wurden 2005 mehr als 40 Millionen Kreditkartennummern von US-Konsumenten gestohlen und anschließend auf russischen Webseiten verkauft. Viele dieser Konsumenten hatten anschließend falsche Abbuchungen auf ihren Rechnungen. Mittlerweile lassen sich im Web alle möglichen Daten käuflich erwerben. Eine vollständige Identität einschließlich Bankkonto, Kreditkartennummer, Geburtsdatum und Sozialversicherungsnummer kostet im Netz gerade einmal 1,50 Euro.

Ende September 2010 meldete der Iran, dass zehntausende seiner Computer mit dem Wurm Stuxnet befallen waren. Der Wurm wurde in Deutschland entdeckt, aufgetaucht war er aber auch schon in den USA, England und Indien. Doch kein anderes Land litt zum damaligen Zeitpunkt so sehr unter Stuxnet wie der Iran. Das hing vor allem mit der Beschaffenheit des Wurms zusammen. Er braucht Windows-Rechner und Siemens-Steuerungssysteme, beides dort sehr beliebte Systeme. Mittels USB-Stick, über Webseiten oder Windows-Dokumente, gelangt der Wurm auf einen Rechner und baut sich selbst in das Betriebssystem ein, wo er sich so gut versteckt, dass er bei jeder normalen Überprüfung unentdeckt bleibt. Stuxnet kann sich auch in Industrieanlagen einnisten und so Daten stehlen. Ein findiger Programmierer könnte mit ihm ganze Baupläne herunterladen und nach Schwachstellen suchen. Durch ihn lassen sich aber auch technische Komplexe fernsteuern, Ventile öffnen oder schließen, Systeme nach Belieben an- und ausschalten. Die Durchflussmenge von Erdgas oder -öl in einer Pipeline könnte damit zum Beispiel so lange erhöht werden, bis die Rohre dem Druck nicht mehr standhalten und platzen.

Woher der Wurm kam und wer ihn entwickelt hat, ist bis dato ungeklärt. Experten munkeln, es könnte ein ausländischer Geheimdienst gewesen sein, weil für seine Entwicklung sehr viel technisches Knowhow und damit auch enorme finanzielle Ressourcen notwendig waren. Wenige Monate nach seinem Auftauchen im Iran sollte dort das lang umstrittene Atomkraftwerk Busher ans Netz gehen. Das könnte der Grund dafür gewesen sein, warum der Wurm ausgerechnet den Iran dermaßen stark heimsuchte. Es könnte aber auch die Tat einer nicht-staatlichen Gruppe gewesen sein, einer Terrorgruppe, die einen Feldversuch im Iran durchgeführt hat, aber eigentlich ein ganz anderes Ziel vor Augen hatte: Die USA? Oder Europa?

Die vernetzte Welt durchdringt heute unser gesamtes System, unser Handeln, unsere Arbeit, den gesamten Alltag. Wenn wir uns nicht schnell geeignete Verteidigungsmaßnahmen einfallen lassen, sind wir Cyberterroristen ausgeliefert. Das haben mittlerweile auch einzelne Staaten erkannt. Sie arbeiten fieberhaft an Verteidigungsstrategien. Aber leider bei weitem nicht alle.

Große Cyberanschläge haben für Terroristen aber einen beträchtlichen Nachteil: Die Vorbereitungszeit ist sehr lang. Einen wirklich breit angelegten Angriff über das Internet durchzuführen, dauert bei homogenen Zielen, also zum Beispiel bei Kraftwerken, inklusive Softwareprogrammierung geschätzte zwei bis vier Jahre. Bei heterogenen Zielen sind es vermutlich sechs bis zehn Jahre. Da ist es aus Sicht der Täter viel effizienter, einfach einen mit Sprengstoff beladenen Autokonvoi beim ausgewählten Ziel in die Luft zu jagen. Cyberterror ist in erster Linie eine »weapon of mass disruption«, eine Massenverwirrungswaffe. Sie dient dazu, das Vertrauen in den Staat noch weiter zu schwächen.

Zu rechnen ist künftig vor allem mit Angriffen auf die industriellen Steuerungskomponenten »Supervisory, Control und Data Acquisition« (SCADA), also mit sogenannten SCADA-Angriffen. Sie steuern und regulieren kritische Infrastruktur, wie Trinkwasser- und Abwassersysteme, Energieversorgungen oder die Verkehrssteuerung. Sie sind oft an abgelegenen Orten installiert, etwa auf einem Berg oder auf entlegenen Feldstrichen, und sind fast immer unbemannt. Über das Internet werden sie über Fernkommunikation kontrolliert. Geschützt gegen Angriffe sind sie so gut wie gar nicht. Wenn Terroristen simultan mehrere derartige Schaltzentren angreifen, führt das zu massiven Problemen in der Versorgung.

Eine besondere Art des elektronischen Jihad (»e-Jihad«) ist die Anwendung von Steganografie zum Verstecken von Text in Bildern oder MP3-Musikfiles. Die beliebteste Form der geheimen Nachrichtenübermittlung für Terroristen mittels dieser Methode ist die »Besetzung von Bits« in digitalen Bildern oder Musik. Meist besetzt man Bits in einem der Millionen Bilder im Internet und versteckt so geheime Daten, die nur für den Eingeweihten durch einen ihm bekannten digitalen »Schlüssel« zugänglich sind.

Wie sich Europa schützen kann

Unterschiedliche Staaten bekämpfen den Terrorismus mit unterschiedlichen Strategien. Eines haben sie aber gemeinsam: Bisher sind sie alle nicht sonderlich erfolgreich. Amerika als Angriffsziel Nummer eins setzt auf sein Militär und hat mehr als hunderttausend Soldaten nach Afghanistan entsandt, um den gefürchteten Islamistenführer Osama bin Laden und sein Terrornetzwerk auszuschalten. Seit 2001 stehen sie am Hindukusch, doch bis jetzt fehlt von Bin Laden weit und breit jede Spur. Europa ist beim Entsenden von Soldaten zögerlicher und geht lieber mit rechtsstaatlichen Mitteln gegen den Terrorismus vor, also mit Polizei und Gerichtsbarkeit. Wenn die NATO-Mitgliedsstaaten nach Artikel V des NATO-Vertrages zur Unterstützung anderer Mitglieder aufgerufen sind, werden militärische Verbände aus Europa nur widerwillig in Marsch gesetzt.

Europa scheut aufgrund seiner blutigen Geschichte den Krieg vielmehr als die USA und liegt damit richtig. Denn dem Terror mit offenem Krieg zu begegnen ist sinnlos. Warum auch immer die internationale Gemeinschaft in Afghanistan einmarschiert ist – den weltweiten Terror wird sie damit sicher nicht besiegen können. Kein Militär der Welt könnte das. Denn heutige Terroristen kämpfen gemäß den Grundzügen der vierten Generation des Krieges, das heißt sie liefern kein nach militärischen Gesichtspunkten definierbares Feindbild. Auch Einrichtungen der Al Kaida zu zerschlagen bringt im Prinzip nichts, weil es die Terrororganisation als solche so gut wie gar nicht mehr gibt. Wie schon beschrieben, haben wir es mit einer Art Franchise-System lokaler Akteure zu tun. Auf der arabischen Halbinsel oder im Maghreb, also in Jemen, Tunesien, Algerien und Marokko einzumarschieren und alle dortigen Terrorgruppen auszuheben ist so gut wie unmöglich. Weil sie keine Postadressen haben. Und weil sie größtenteils ohne Infrastruktur arbeiten, vorwiegend persönlich kommunizieren und auch kein Geld mittels Banküberweisung an ihre Mitglieder transferieren oder Geldwäsche notwendig haben, wodurch sie auffallen würden.

Wie sich der Terrorismus nachhaltig und an der Wurzel bekämpfen lässt, ist in einem der Ziele ausformuliert, die sich in der europäischen Konvention zur Prävention von Terrorismus finden. Das Problem Terrorismus, so steht es dort sinngemäß, soll bereits an der Wurzel bekämpft und jede Radikalisierung im Keim erstickt werden. Genau darin wird in Zukunft wohl die größte Herausforderung für die internationale Staatengemeinschaft liegen. Schließlich geht es hier um nichts anderes als um die Bewältigung der sozialen Probleme und der Ausgrenzung in ganz Europa. Alle anderen Präventionsansätze haben bisher versagt, und im Fall der USA lässt sich das auch in Zahlen ausdrücken: Obwohl sie seit einem Jahrzehnt mit ihrer geballten militärischen Stärke Krieg gegen den Terror führen, haben wir weltweit jährlich etwa 20.000 Tote und 60.000 Verletzte durch Terrorattacken zu beklagen.

Indessen müssen wir lernen mit der permanenten Terrorgefahr zu leben, bestmöglich damit umgehen, und uns so gut wie möglich auf den Ernstfall vorbereiten. Einmal ehrlich: Wie gut sind wir in Europa derzeit darauf vorbereitet? So gut wie gar nicht. Die Mängel bei den Einsatzkräften, zum Beispiel wegen unzureichender Ausbildung oder Ausrüstung in Bezug auf die neuen Bedrohungen wie den Katastrophenterrorismus, betreffen in unterschiedlicher Ausprägung ganz Europa.

Wenn sich das ändern soll, müssen wir zuerst einmal die Gefahr erkennen – und wir müssen das Terrorrisiko endlich ohne Emotionen sachlich thematisieren. Genau da liegt schon die Krux: Politiker tendieren dazu, die Gefahr weitgehend zu verleugnen. Auf entsprechende Fragen antworten sie gerne, dass genau ihr Land auf alle Eventualitäten vorbereitet sei. Bloß weiß niemand, welche Eventualitäten das genau sind und wann wir wo wodurch gefährdet sind. Schon weil es unendlich viele Möglichkeiten gibt, einen Terroranschlag durchzuführen. Auch das Kleinreden der Terrorgefahr ist bei Politikern beliebt: Europa sei für Terroristen ohnedies unattraktiv. Es habe ja noch kaum Anschläge auf europäischem Boden gegeben. Doch die jüngsten Ereignisse zeigen uns deutlich, dass Europa keine Insel der Seligen mehr ist. Wer einige Jahre lang unfallfrei Auto fährt, ist deshalb noch lange nicht davor gefeit, eines Tages einzusteigen und von einem entgegenkommenden, überholenden Fahrzeug gerammt zu werden. Genauso verhält es sich mit dem Terrorismus. Es wird nicht nur einen nächsten großen Terroranschlag in Europa geben, sondern viele, und wir müssen uns immer die Tatsache vor Augen halten, dass wir das nicht hundertprozentig verhindern können. Nachrichtendiensten und der Polizei kann es gelingen, 999 Anschläge vorzeitig aufzudecken. Das sind dann 999 Erfolge. Aber die Terroristen brauchen nur ein einziges Mal Erfolg zu haben, um immensen Schaden anzurichten und mitunter das Leben tausender Menschen auszulöschen. In den vergangenen zwanzig Jahren kam es zu 2500 radiologischen Schmuggelfällen, die aufgedeckt wurden. Es genügt aber schon einer mit ausreichender Menge an waffenfähigem Uran, der nicht aufgedeckt worden ist, um die wichtigste Voraussetzung für den Bau einer primitiven

Atombombe zu schaffen. Erst wenn wir dieses Bewusstsein geschaffen haben, können wir mit den nächsten Schritten beginnen, uns proaktiv auf einen möglichen Terroranschlag vorzubereiten. Die Terrorismusbekämpfung muss aus vier perfekt funk-
tionierenden Teilen bestehen, um dem Terror nachhaltig Ein-
halt zu gebieten.

Internationale Zusammenarbeit

Der erste Schritt ist eine verbesserte Kooperation zwischen
den Staaten. Die einzelnen europäischen Staaten müssen sich
noch enger zusammenschließen und an einem Strang ziehen.
Sonst haben sie keine Chance. Sicherheitsausbildung, Training,
Sicherheitsüberprüfungen und Sicherheitstechnologie müssen
optimal koordiniert werden. Gleiches gilt für die gesetzlichen
Rahmenbedingungen und Regelungen, wie zum Beispiel ein-
heitliche Pass- und Frachtgutkontrollen oder die Vereinheitli-
chung von Auslieferungsabkommen.

Teilweise funktioniert dieses gemeinsame Vorgehen der
Staaten schon sehr gut. Viel zu wenig wird in dem Zusammenhang etwa gewürdigt, dass Russland schon vor mehreren Jahren
eine UN-Resolution gegen Nuklearterrorismus durchgesetzt
hat. Mittlerweile gibt es eine ganze Reihe von Gesetzen und
Resolutionen, die zeigen, dass die Staaten zu einer echten Kooperation bereit sind. Auch die EU selbst hat schon viel auf
überstaatlicher Ebene unternommen. Laut ihren derzeitigen Gesetzen ist Terrorismus eine strafbare Handlung, die der Sicherheit auf dem Kontinent, den Werten der Demokratie und den
Freiheiten der Bürger bedeutenden Schaden zufügen kann. Im
Jänner 2010 trat darauf basierend die Konvention zur Prävention
von Terrorismus in Kraft. Sie soll es der EU ermöglichen, den

Terrorismus zu bekämpfen und gleichzeitig die Menschenrechte und die Freiheit ihrer Bürger zu garantieren. Als erster internationaler Vertrag inkriminiert sie auch die Ausbildung von Terroristen, sowie deren Anwerbung und Anstiftung. Die Konvention geht ins Detail und ist sehr weitreichend, wofür sie auch Kritik erntete. So besagt ihre erste Klausel, dass sich eine Person schon dann strafbar machen kann, wenn sie nur äußert, möglicherweise eine terroristische Tat begehen zu wollen. Der Satz »Ich sprenge das jetzt in die Luft« könnte also streng genommen schon als Terrorakt ausgelegt werden. NGOs wie Human Rights Watch sehen darin einen Eingriff in die Meinungsfreiheit.

Die Konvention selbst hat vier Ziele. Das erste Ziel soll, wie oben erwähnt, verhindern, dass sich Menschen überhaupt dem Terrorismus zuwenden. Das zweite Ziel basiert auf einer bestmöglichen Reduzierung der Verwundbarkeit unserer Gesellschaften: Den Terroristen soll es so schwer wie möglich gemacht werden. Deswegen werden Grenzen, der Verkehr und wichtige Infrastruktur sicherer gemacht. Wir kommen später noch auf die dafür vorgesehene Sicherheitstechnologie zu sprechen. Ein drittes Ziel stellt die Verfolgung der Terroristen dar, sowohl auf Unions- als auch auf internationaler Ebene. Die Terroristen sollen schon in der Planungsphase behindert und ihre Reisen und ihre Kommunikation erschwert werden. Netzwerke, die sie logistisch unterstützen, sind umgehend zu zerschlagen. Ihr Zugang zu Waffen, welcher Art auch immer, soll unterbunden werden. Sie sind durch die Sperrung ihrer Konten finanziell auszuhungern. Das vierte Ziel befasst sich mit der Schadensminimierung. Gelingt trotz allem ein Anschlag, sollen die Auswirkungen so gering wie möglich gehalten werden. Die Rettungskräfte sind so schnell und reibungslos wie nur möglich zu koordinieren, um den Opfern die bestmögliche Hilfe zuteil werden zu lassen. Wir werden gleich sehen, dass gerade hier noch einiges im Argen liegt.

Zum Erreichen dieser Ziele sind zahlreiche Gesetze entstanden, von denen manche allerdings nur subjektiv dem Schutz der Menschen dienen und objektiv bedeutend weniger bringen. Ein Beispiel dafür ist die Verordnung über Flüssigkeiten, die nur bis zu einer bestimmten Menge mit an Bord eines Flugzeuges genommen werden dürfen. Die Mitnahme von Getränken und Kosmetika in ihren Originalverpackungen an Bord zu unterbinden ist im Prinzip sinnlos. Ein findiger Terrorist würde flüssigen Sprengstoff in eine Shampoo-Flasche füllen, deren Größe im Bereich der Erlaubten 100 Milliliter liegt, und fünf Kollegen von ihm oder mehr könnten es ihm gleichtun. Im Flugzeug müssen sie dann nur noch den Inhalt ihrer Flaschen zusammenschütten und den Auslöser betätigen. Mit 500 Milliliter Nitroglyzerin kann man in die Flugzeugaußenhülle eine Öffnung sprengen, welche die Maschine in akute Gefahr bringen würde.

Neben einer Zusammenarbeit der Legislative ist eine viel weiter als bisher reichende Kooperation und Vernetzung der jeweiligen Nachrichtendienste einzelner europäischer Länder nötig. Die Aufklärung, in der internationalen Sprechweise »Intelligence« genannt, ist der wichtigste Aspekt im unmittelbaren Kampf gegen den Terror. Denn sie ist die einzige Möglichkeit, einen Terroranschlag proaktiv aufzuhalten. Doch die internationale Zusammenarbeit holpert. Das hat vorwiegend historische Gründe: Geheimdienste haben immer hauptsächlich für ihr eigenes Land gearbeitet, über viele Jahrzehnte hinweg ihr eigenes Informantennetz aufgebaut, ihre eigene Arbeitsweise entwickelt und ihren Staaten auf diese Weise wesentlichen

Informationsvorsprung verschafft. Auch auf den neuen Gegner haben sie sich gut eingestellt. Aber dass sie jetzt zur Kooperation gezwungen werden, stellt viele vor eine grundsätzliche, ideologische Herausforderung. Es liegt in der Natur der Sache, dass Geheimdienste Informationen nicht gerne mit anderen teilen. Das geschieht nur, wenn es gar keine andere Möglichkeit mehr gibt, aber selten gerne und freiwillig. Hier geht es darum, künftig geografische und politische Grenzen vermehrt zu überwinden. Ob das je in vollem Ausmaß möglich sein wird, wage ich zu bezweifeln.

Zwischen dem amerikanischen CIA, dem britischen MI6 und dem deutschen BND funktioniert es noch einigermaßen gut. Doch beim französischen Geheimdienst ist es bereits ein Problem: Frankreich lässt sich nicht gerne in die Karten blicken. Dies gilt auch für die 2008 gegründete DCRI (»Direction centrale du renseignement intérieur«), der Vereinigung von nationalem Geheim- und Abwehrdienst. Die französischen Geheimdienste geben niemals so viel von sich preis, dass sich Außenstehende ein umfassendes Bild von ihren Aktivitäten machen könnten. Die Schwierigkeiten, die diese Form der Zusammenarbeit auf innereuropäischer Ebene darstellt, lassen ahnen, wie schwierig erst transkontinentale Kooperationen sind – etwa mit dem pakistanischen Geheimdienst. Dabei ist für den Westen die Vernetzung mit Geheimdiensten aus den Kernländern des Terrorismus, wie dem pakistanischen ISI, extrem wichtig. Auch wenn sie immer mit Vorsicht zu genießen sind, weil sie im Hintergrund mitunter selbst undurchsichtige Beziehungen zu den Terroristen pflegen. So geschehen im Fall der Mumbai-Attentäter, als der ISI verdächtigt wurde, direkt mit ihnen in Verbindung gestanden zu haben.

Bei ihrer technischen Ausrüstung haben die Geheimdienste in den vergangenen Jahren weltweit zu sehr die menschliche Komponente außer Acht gelassen. Sie müssten dringend parallel sowohl weiter in die Technologie investieren, aber auch stärker in Fachpersonal. Vieles wird in Zukunft nur von Menschen zu erledigen sein. Der Nachholbedarf beginnt bei Übersetzern aus den Sprachen Farsi, Hindi oder Pashto, denn Terroristen kann nur bekämpfen, wer ihre Sprache versteht. Es stellt für die Geheimdienste auch immer noch ein Problem dar, Maulwürfe in islamistische Organisationen einzuschleusen. Bei multinationalen Polizeieinheiten, wie Europol oder Interpol, die stark in den Kampf gegen den Terrorismus involviert sind, bestehen ähnliche Probleme. Eines liegt seit langem darin, wie die einzelnen staatlichen Behörden Daten austauschen können, ohne dass sie ihre Informanten, ihre analytischen Methoden oder ihre Überwachungstechnologie preisgeben. Die Kooperationsprobleme sind hier ziemlich komplex. Interpol etwa hat seinen Ansatz bei der Terrorbekämpfung nach 9/11 komplett entpolitisiert und betrachtet Terrorismus als Verbrechen und nichts anderes. Aber dieser Ansatz entspricht nicht immer den Vorstellungen der politischen, diplomatischen und rechtlichen Ebene eines Staates. In der Europäischen Union kommt es dadurch dazu, dass sich in einigen Staaten die Polizei für die Bekämpfung des Terrorismus zuständig fühlt, während diese Agenda in anderen Ländern etwa den Geheimdiensten obliegt. Die Zusammenarbeit zwischen Polizei und Geheimdienst kann mitunter sehr problematisch sein. Denn die Polizei will Verdächtige überführen, damit sie vor Gericht gestellt werden können. Geheimdienste verfolgen einen breiteren Ansatz, bei dem es vor allem um den Zugang zu Informationen geht.

Die Sicherheitstechnologie

Der nächste große Bereich im Kampf gegen den Terrorismus ist die Sicherheitstechnologie. Die Staaten müssen versuchen, auf der Basis konkreter Bedrohungsszenarien die passende Sicherheitstechnologie zu entwerfen. Dazu müssen sie sich in die Köpfe der Terroristen hineinversetzen, um so zu denken wie sie. Sie müssen beim Durchspielen der Szenarien also die Rolle der Terroristen übernehmen und sich dementsprechend ausrüsten.

In diesem Bereich sind wir bereits weit fortgeschritten. Denken wir etwa an die flächendeckende Videoüberwachung in zahlreichen Großstädten oder an Abhöreinrichtungen, die auf bestimmte Schlagwörter programmiert sind. Ich wage zu behaupten, dass wir dabei schon fast zu gut sind. In den vergangenen Jahren haben die Behörden Unmengen an elektronischen Geräten angeschafft und damit riesige Datenmengen gesammelt. Die Datenmengen sind so groß, dass sie sich mit einem vernünftigen Aufwand an Zeit und anderen Ressourcen gar nicht mehr auswerten lassen. Die vom amerikanischen System »Echelon« gelieferten Telefondaten etwa konnten bisher nur zu vier Prozent analysiert werden. Aber selbst wenn es hundert Prozent wären, wäre die Effizienz dieser Methode äußerst fraglich. Denn Terroristen sprechen über ihre Anschläge am Telefon nicht offen, sondern verwenden ihre eigene Geheimsprache.

Wir müssen uns auch im Klaren darüber sein, dass wir einen Preis für den Schutz durch das technisch Machbare bezahlen. Er besteht de facto in der Verringerung von persönlicher Freiheit und Privatsphäre. Dies ist ein hoher Preis und er wird immer höher, je weiter sich die Sicherheitstechnologie entwickelt. Wenn wir ihn bezahlen, dürfen das die Terroristen schon als Teilerfolg betrachten. Terroristen können es auch als großen Erfolg verbuchen, wenn die Diskussion darüber eine Kluft zwischen Regierung und Bevölkerung schafft. Europäische Forscher arbeiten derzeit zum Beispiel an einem neuen Überwachungssystem, das Passagiere in Flugzeugen abhören kann. Ein Sprachcomputer kann dann zum Beispiel erkennen, wenn ein Fluggast betet. Auch auf den Toiletten von Flugzeugen könnten in Zukunft Mikrofone und Kameras installiert werden – alles, um Passagiere herauszufiltern, die sich seltsam oder gegen die Vorschriften verhalten. Auch wenn die Videos und Tonaufzeichnungen der Passagiere nicht von Menschen, sondern von Computern ausgewertet und nach einer sicheren Landung gelöscht werden, stellt das doch eine von Terroristen erzielte beträchtliche Einschränkung unserer Privatsphäre dar. Die Terroristen selbst werden freilich kaum darunter leiden, sondern sich entsprechend darauf vorbereiten. Wahrscheinlich sind sich die wenigsten Menschen bewusst, wie viel Privatsphäre sie bereits – möglicherweise für immer – verloren haben. Es besteht der begründete Verdacht, dass wir die persönliche Freiheit, die wir für den Kampf gegen den Terror aufgeben, nicht so leicht wieder zurückbekommen werden. Je mehr Schutz wir vom Staat verlangen, desto mehr Freiheit wird er uns nehmen. Das kann zweifelhafte Folgen haben, wie auch die Anti-Terror-Strategie über die Zerstörung der Finanzwege von Terrornetzwerken zeigt. Banken kooperieren mittlerweile weltweit, nationale Behörden werden über Kontoinhaber informiert. Informationen müssen weitergegeben werden, sobald Geld ab einer bestimmten Summe überwiesen wird. Für uns bedeutet das, dass von einem Bankgeheimnis nicht mehr viel zu spüren ist.

In der Realität entfalten allerdings auch diese Maßnahmen vergleichsweise wenig Wirkung im Kampf um mehr Sicherheit.

Denn internationale Terroristen bedienen sich keines Banksystems. Sie händigen Geld ohne Überweisung untereinander aus. Außerdem sind Terroristen in diesem Bereich zweifellos ebenso findig wie Drogenhändler, denen es noch immer gelingt, gewaltige Summen nicht nur über die Landesgrenzen, sondern über ganze Kontinente hinweg zu verschicken. Dies nach wie vor auch in den USA, obwohl die USA den Drogenkartellen schon 1971 den Krieg erklärt haben.

Die Einsatzkräfte

Die »First Responders«, also Polizei, Rettung und Feuerwehr, sind die letzte Verteidigungslinie gegen den Terrorismus. Wenn es zu einem Terroranschlag kommt, müssen die Einsatzkräfte in der Lage sein, möglichst vielen Betroffenen das Leben zu retten und helfen, damit kritische Infrastruktur möglichst schnell wieder in Betrieb genommen werden kann. Derzeit sind sie in weiten Teilen Europas zwar auf einen konventionellen Terrorangriff vorbereitet, nicht aber auf irgendeine Form des Katastrophenterrorismus. Die meisten Staaten sind in ihrer diesbezüglichen Entwicklung irgendwo zwischen der ersten und der zweiten Generation der Kriegsführung hängen geblieben.

Wir benötigen detaillierte und realistische Bedrohungsanalysen, die von den Nachrichtendiensten durchzuführen sind und stets aktualisiert werden. Wir müssen aus den Erfahrungen der bereits erfolgten Anschläge lernen, um uns – gemeinsam mit der Evaluierung des Möglichen – auf die Anschläge von morgen vorzubereiten. Wer nur den Anschlag von gestern abwehren will, hat schon verloren. Nach der Bedrohungsanalyse müssen die einzelnen Staaten eine ehrliche Bestandsaufnahme der Ausbildung und der Ausrüstung ihrer Einsatzkräfte vornehmen.

Hier werden die meisten Länder feststellen, dass es an vielen wichtigen Komponenten fehlt, an Software, an Schutzanzügen, an Detektoren und an geeigneten Fahrzeugen. Zum einen, weil es auch bei den Ersthelfern mitunter zu wenig Bewusstsein der neuen Bedrohung gibt. Manch ein Polizist, ein Feuerwehrmann oder ein Sanitäter denkt sich leider wohl nur allzu oft: Ich bin eine ausgebildete Fachkraft, also weiß ich, was zu tun ist. Fakt ist aber: Viele wissen (noch) nicht, was alles künftig auf sie zukommen kann – und das ist nicht nur in Europa so.

Diese gefährliche Fehleinschätzung durch die letzte Linie unserer Verteidigung ist ein weltweites Phänomen. Bloß Israel, Großbritannien, Russland und die USA sind hier einigermaßen auf dem Stand der Zeit. Die meisten anderen Länder verschließen entweder absichtlich die Augen oder können es sich im Moment finanziell nicht leisten, selbst gravierende Mängel zu beheben. Denn billig sind die notwendigen Maßnahmen nicht. Die USA geben im Jahr rund 25 Milliarden Euro nur für ihre Verbesserung des Heimatschutzes (»Homeland Security«)aus.

Angesichts der engen Budgets nach der Wirtschaftskrise 2008/2009 ist bei vielen EU-Ländern in Sachen Einsatzpersonal leider noch länger Sparen angesagt. Das heißt, dass viele Einsatzkräfte der einzelnen Mitgliedsländer im Falle eines Katastrophenterroranschlags auch weiterhin nicht überlebensfähig sein werden. Stellen wir uns zum Beispiel einen biologischen Anschlag vor. Die Einsatzkräfte wären damit vollkommen überfordert. Zuerst wäre die Polizei gar nicht in der Lage, rasch zu erkennen, um welchen Stoff es sich genau handelt, und hinterher wären die nötigen Spezialanzüge in der benötigten Anzahl und Ausführung nicht rechtzeitig verfügbar. Das soll, wohlgemerkt, keine Kritik an den Einsatzkräften selbst sein. Die machen nur, was sie in ihrer Ausbildung gelernt haben und sie können dabei auch nur jene Ausrüstung verwenden, die man ihnen zur Verfügung stellt.

Die Expertengruppe CAST (»Center for Advanced Studies on Terrorism«), der ich angehöre, hat der EU die Einführung des amerikanischen Kommando- und Kontrollsystems empfohlen. Im Vergleich zu den europäischen Systemen mit ihren starren Hierarchien ist es extrem flexibel und kann fortlaufend auf die dynamische Entwicklung eines Anschlagsszenarios reagieren. Ein Beispiel: Der Anschlag ist erfolgt. Der erste Streifenwagen ist vor Ort. Der Polizist sieht dreißig Tote und sechzig Verletzte. Sofort übernimmt er das Kommando und gibt die Meldung an die Einsatzzentrale durch. Die Einsatzzentrale stellt fest, dass der Vorfall zu groß für einen einzelnen Streifenwagen ist und setzt eine Polizei-Spezialeinheit in Bewegung. Die Einheit trifft vor Ort ein. Der Polizist im Streifenwagen übergibt das Kommando an den Offizier der Spezialeinheit. Das ist leicht möglich, weil der Einsatzwagen einen PC an Bord hat, was den sofortigen Datenaustausch vor Ort ermöglicht. Von der Kartierung des Vorfalls, bis zu den gesammelten Aussagen der Überlebenden befinden sich also sofort alle Informationen in den Händen der nächsten Kommandostruktur. Die Spezialeinheit stellt nun eine radioaktive Kontaminierung der Opfer fest und weiß sofort, dass sie für diesen Einsatz nicht die richtige Gruppe ist. Sie rufen eine weitere Spezialeinheit, die auf Radioaktivität spezialisiert ist. Sobald diese Einheit vor Ort ist, bekommt sie alle bis jetzt gesammelten Informationen. Damit ist zügiges Arbeiten garantiert.

Die genannte Expertengruppe entwickelt für die Europäische Union auch ein neues System zur Vorbereitung der Einsatzkräfte auf die neuen Bedrohungsszenarien wie Massenverwirrungswaffen, Massentötungswaffen und Massenvernichtungswaffen. Vorgesehen sind darin drei Spezialausbildungszentren, EU-Nord, EU-Süd, und EU-Mitte. Diese Zentren sollen nicht in die nationale Grundausbildung der Einsatzkräfte eingreifen. Nationale Polizei-, Feuerwehr- und Sanitätsschulen soll und muss es natürlich weiterhin geben. Die drei Zentren sollen jedoch Spezialwissen in Theorie und Praxis für den Ernstfall eines Katastrophenterroranschlages anbieten – so aufbereitet, dass jedes EU-Land selbst entscheiden kann, wie viel Nachholbedarf es hat. Ein deutscher Polizist wird vermutlich weniger nachholen müssen als sein Kollege aus Südosteuropa. Laut unserem Vorschlag würde das Zentrum EU-Nord in Schweden stehen, EU-Süd in Spanien und EU-Mitte in Österreich. Jedes der drei Zentren berücksichtigt auf regionaler Ebene die Bedürfnisse der einzelnen Mitgliedsstaaten, weil jeder Staat anders mit seinen Ressourcen umgehen muss und ein Einheitsbrei in der Ausbildung vermieden werden soll.

Jeder EU-Staat entsendet so seine Polizisten, Feuerwehrmänner und Sanitäter zu einer Ausbildung in das jeweilige Zentrum. Dort werden die Beamten über das jeweils aktuelle Bedrohungsszenario für ihr Land informiert. An Computern wird, teils anhand dreidimensionaler Modelle, der Ernstfall simuliert. Den Abschluss bilden Feldversuche, bei denen tatsächlich Autobomben explodieren oder ein Selbstmordattentat realitätsnah durchgespielt wird. So lernen die Einsatzkräfte von der Theorie bis zur Praxis, was sie erwartet.

Die Ausbildungszentren sollen gemäß unserem Plan eng mit der europäischen Industrie zusammenarbeiten. So kann die Industrie ihre neueste Technologie, etwa neue Splitterschutzwesten oder neue Detektoren, sofort vorführen. Polizei, Rettung und Feuerwehr bleiben auf diese Weise am neuesten Stand der technischen Entwicklungen und wissen, wo und wie sie nachrüsten müssen. Des Weiteren sollen die Zentren mit der Infrastruktur auch von Staaten außerhalb der EU vernetzt sein, um zu vermeiden, dass Europa jedes Rad neu erfinden muss. Wenn es beispielsweise einen ausgezeichneten amerikanischen Detektor gibt, ein bestens geeignetes russisches Fahrzeug oder einen israelischen Schutzanzug, dann soll dieses Wissen einfließen.

Ebenso wie die Einsatzkräfte wäre heute auch die Bevölkerung bei der Bewältigung eines Angriffs durch den Katastrophenterrorismus überfordert. Sie hätte keine Ahnung, wie sie sich verhalten soll. Was den Umgang der Gesellschaft mit terroristischer Bedrohung betrifft, könnte sich die Welt ein Beispiel an Israel nehmen. Israel geht sehr nüchtern und pragmatisch mit der konstanten Bedrohung durch Selbstmord- und andere Attentäter um. Die Bevölkerung selbst ist in Israel ein integraler Bestandteil im Kampf gegen den Terrorismus. In Europa delegieren wir gerne. Wir geben die Verantwortung an den Staat ab. In Israel dagegen beschäftigt sich jeder einzelne Bürger mit dem Thema Sicherheit, alle wissen, wie sie sich in einer Konfliktsituation zu verhalten haben. Das beginnt schon bei den Kindern: Das Thema Sicherheit wird in der Schule gelehrt. In Europa dagegen lächeln wir gerne überlegen, wenn ein Feueralarm geprobt wird. Auch wir müssen aber zuerst die Zivilgesellschaft stärken, wenn wir im Kampf gegen den Terrorismus erfolgreich sein wollen. Die Staaten müssen wie zu Zeiten des Kalten Krieges dafür sorgen, dass ihre Bürger auf Angriffe vorbereitet sind. Die Bevölkerung muss eine dicke Haut bekommen und jederzeit auf einen Ernstfall vorbereitet sein, um ohne Panik und Hysterie reagieren zu können. Das macht den Terroristen nicht nur die Arbeit schwerer, es raubt ihnen auch eines ihrer primären Ziele: den Bürgern eines Landes Angst einzujagen. Dazu zählt auch die Vorbereitung der Gesellschaft auf Schadensbegrenzung im entscheidenden Fall. Denn die Einsatzkräfte können dann nicht oder nur schlecht alles allein machen. Es kann je nach Land unterschiedlich lange dauern, bis die Behörden auf einen Anschlag ausreichend reagieren können. Je nach Ausmaß des Anschlages und der dabei eingesetzten Mittel kann es mitunter Stunden dauern, bis die Opfer richtig behandelt werden können. Beim chemischen Terroranschlag in Tokio am 20. März 1995 war den behandelnden Ärzten erst nach drei Stunden klar, dass es sich um einen Terroranschlag mit dem chemischen Massenvernichtungsmittel Sarin handelte. Die richtige Vorbereitung versetzt die Bevölkerung selbst in die Lage, mit der Rettung zu beginnen. Zivilschutzprogramme, wie sie zu Zeiten des Kalten Krieges etwa in Schweden oder in der Schweiz auf der Tagesordnung standen, wären eine günstige Möglichkeit, der Bevölkerung Hilfe zur Selbsthilfe nahezulegen. Man müsste die Programme nur auf den neuesten Stand bringen. Wir als Bevölkerung müssen lernen, dass ein großer Teil der Verantwortung für unseren Eigenschutz bei uns selbst liegt.

Abwehr im Internet
Der Schutz vor Cyberterrorismus läuft auf verschiedenen Ebenen ab. Auf staatlicher und internationaler Ebene hat die EU die »Convention on Cyber-Crime« ins Leben gerufen. Sie regelt die internationale Zusammenarbeit im Fall eines terroristischen Angriffs, aber auch im Fall der Verbreitung von Kinderporno-

grafie über das Internet, sowie bei Copyright-Verletzungen oder unerlaubtem Zugriff auf Daten. Diese Konvention ist bisher die einzige von internationaler Gültigkeit auf diesem Gebiet. Von den 43 Vertragspartnern haben die Konvention aber nur 22 ratifiziert und nur 13 davon sind EU-Staaten. Das zeugt auch vom bisher schon mangelnden Bewusstsein für das Problem Cyberterrorismus und vom unzureichenden Schutz davor.

Immerhin entstehen mittlerweile in vielen Ländern sogenannte CERTS, »Computer Emergency Response Teams«. Das österreichische CERT definiert sich laut eigener Homepage als »der Ansprechpartner für IT-Sicherheit im nationalen Umfeld«. Es vernetzt andere CERTs und CSIRTs (»Computer Security Incident Response Teams«) aus den Bereichen kritische Infrastruktur, sowie Informations- und Kommunikationstechnik und gibt Warnungen und Tipps für kleine und mittlere Unternehmen heraus. Bei Angriffen auf Rechner auf nationaler Ebene koordiniert www.cert.at und informiert die jeweiligen Netzbetreiber und die zuständigen lokalen Sicherheitsteams. Dank der immer stärker voranschreitenden Vernetzung gebe es immer mehr Abhängigkeiten zwischen den Systemen, so CERT in seiner Selbstdarstellung, und vergleicht dabei das eigene Vorgehen mit der Eindämmung von Seuchen: Es brauche eine unabhängige Koordinierungsplattform, die Sicherheitsvorfälle professionell koordiniere, andere Netze warne und somit die »Seuchenausbreitung« eindämmen könne.

Eine weitere suprastaatliche Organisation im Kampf gegen Cyberterror ist die NATO. Kurz nach den Vorfällen in Estland im Jahr 2008 hat sie die Abteilung »Cyber Defense Management Authority« (CDMA) ins Leben gerufen. Diese Einheit übernimmt die Rolle der Cybersoldaten und umfasst die bereits bestehenden Strukturen der NATO, aber auch private und staatliche Cyberverteidigungseinrichtungen. Wird ein Staat oder eine Organisation angegriffen, rücken die Männer der CDMA aus und eilen zu Hilfe. Das Hauptquartier befindet sich zwar in Brüssel, aber aufgrund der schlechten Erfahrungen errichtete die NATO in Estland ein Cyberdefence Centre of Excellence. Dort werden verschiedene Szenarien eines Angriffs und die richtigen Verteidigungsmaßnahmen durchgespielt.

Deutschland arbeitet ebenfalls bereits intensiv an einem Verteidigungsplan gegen Internet-Terrorismus. In einer Kaserne bei Bonn sitzen rund 80 Soldaten in einer neuen Cybereinheit. Auch die deutsche Bundeswehr will im Kampf gegen den Cyberterror mitmischen.

Auch auf der anderen Seite des Atlantiks arbeitet man hart an einer Strategie gegen den weltweiten Cyberterrorismus. Schließlich proklamierte der Direktor der US-Luftwaffe, Lani Kass, bereits vor mehreren Jahren: Die erste Schlacht eines jeden künftigen Krieges wird um die Vorherrschaft in der Luft, im Weltraum und im Cyberspace geschlagen werden. 2006 begannen die USA mit einem Manöver, dessen Namen einerseits an ein Computerspiel, andererseits an einen Militäreinsatz erinnert: »Cyber Storm«. Simuliert wurden verschiedene Szenarien, etwa der mysteriöse Ausfall des U-Bahn-Systems in Washington D.C., sowie der Systeme am Flughafen-Tower in Philadelphia und Chicago, gemischt mit möglichen Attacken außerhalb des Cyberspace, wie dem Auffinden einer giftigen Flüssigkeit in London oder vergiftetem Wasser in Los Angeles. Dazu kommen zum Beispiel auch noch Flugzeuge, die sich unerlaubt dem Weißen Haus nähern. Unter dem Strich kam heraus, dass die Verteidiger unzureichend auf die Angriffe reagierten. Vor allem fehlte ihnen das Verständnis für größere Zusammenhänge. Man konzentrierte sich zu stark auf die Einzelfälle, anstatt das große Ganze im Auge zu behalten.

Auch in Asien bereitet man sich auf mögliche Attacken im Internet vor. 26 Länder haben sich in Malaysia zu einer »Multinational Partnership against Cyberterrorism« zusammen geschlossen. Bei der Gründung waren Vertreter internationaler IT-Firmen, wie Microsoft oder Trend Micro, als Berater anwesend, die aufgrund ihrer Kenntnisse auf das wahre Ausmaß der Bedrohungen aufmerksam machen konnten.

Schlachtfeld Medien

Eine wesentliche Rolle im Kampf gegen den Terrorismus kommt den Medien zu. Sie sind in einer schwierigen Doppelrolle. Einerseits sind sie eine der wichtigsten Waffen der Terroristen und lassen sich, ihrem Informationsauftrag folgend, zwangsläufig instrumentalisieren. Denn mit ihrer Hilfe erreichen die Terroristen ihr zentrales Ziel – die absolute Aufmerksamkeit. Sie würden am liebsten tage-, wochen- oder gleich jahrelang die Titelseiten der Zeitungen auf der ganzen Welt füllen. Denn nur auf diese Art können sie der Bevölkerung der betroffenen Länder, und nach Möglichkeit jedem Weltenbürger, Angst einflößen. Bei 9/11 ist das der Al Kaida perfekt gelungen. Noch heute weiß jeder, wo er sich aufgehalten hat, als die Flugzeuge in das World Trade Center geflogen sind, und jeder hat die Bilder dieses schrecklichen Tages noch vor Augen.

Medien entziehen sich zum Glück der Steuerung durch Regierungen, oder sollten es zumindest. Ohne eine unabhängige Medienlandschaft würde die Demokratie nicht funktionieren. Doch es geht zum einen um die grundsätzliche Frage, die sich Medien über das Thema Terrorismus stellen sollten: Wie berichtenswert sind Ereignisse, die nur zum Zweck der Berichterstattung stattfinden, also reine Medieninszenierungen sind? Denn letztendlich ist der Terrorismus genau das: eine mediale Inszenierung. Die denkbar grausamste Form davon, zweifellos. Wenn Medien darüber berichten, fallen sie bis zu einem gewissen Grad darauf herein und mit ihnen die ganze Gesellschaft. Denn erst durch die Berichterstattung werden sich einerseits die Bürger der Bedrohung bewusst, und erfährt der Terrorismus andererseits potenzielle Unterstützung.

Medien müssen deshalb ein weltweites kollektives Bewusstsein dafür entwickeln, dass sie vom Terrorismus planmäßig instrumentalisiert werden. Denn, um es auf den Punkt zu bringen: Es würde kaum Terroranschläge geben, wenn die Medien nicht darüber berichten würden. Mehr noch: Sie haben wesentlichen Anteil daran, dass Terroranschläge immer brutaler werden. Wenn eine Autobombe nur noch eine Kurzmeldung wert ist, bleibt den Terroristen nichts anderes übrig, als zu anderen, drastischeren Mitteln zu greifen.

Logischerweise sind Medien dabei nicht nur Akteure, sie sind auch eine Reflexion gesellschaftlicher Interessen, und die Gesellschaft will eben genau wissen, was passiert ist – wann und wie genau es war, als zwei Flugzeuge ins World Trade Center rasten. Dabei geht es nicht nur um pure Neugier, sondern auch um die Möglichkeit, aus Informationen Schlüsse für das eigene Leben zu ziehen. Hätten die Medien nach 9/11 allerdings kurzerhand beschlossen, einfach nicht darüber zu berichten, hätte das wahrscheinlich zu einer Traumatisierung der Gesellschaft geführt, womit die Terroristen ebenfalls ihrem Ziel von deren Schwächung näher gekommen wären. Es geht also um die Entwicklung eines kollektiven Bewusstseins über das Wie der Berichterstattung. Dass Medien in der Lage sind, ein »gesundes Bewusstsein« für »gesunde Berichterstattung« zu entwickeln, hat etwa der Tsunami im Jahr 2004 gezeigt. 231.000 Tote boten die Möglichkeit, Schreckensbilder zu zeigen, die kein Mensch jemals wieder vergessen würde. Dennoch herrschte in diesem Punkt allgemeine Zurückhaltung und jene, die sich nicht daran hielten, wurden von anderen Medien dafür gescholten.

Bei der Berichterstattung über Terrorismus müssen Medien von ihrer Aufregung wegkommen, weshalb hier vor allem der

Boulevard gefordert ist. Angenommen, es kommt zu einem Autobombenanschlag mit vierzig Toten. Es reicht völlig aus zu sagen, dass es ihn gegeben hat. Medien müssen nicht auch noch ins Detail gehen und melden, wie viele Arme und Beine abgetrennt wurden und sich damit zum Sprachrohr der Täter machen. Die Verbindung zwischen den Terroristen und der Bevölkerung lässt sich kappen, wenn die Massenmedien die Details in den Berichten aussparen und auf besonders brutale Darstellung verzichten. »Only bad news are good news«: Dieser Grundsatz im Mediengeschäft wird sich nie ganz aushebeln lassen, doch mit dem Aufbauschen der schlechten Nachricht machen die Medien den Terrorismus erst zu dem Schreckgespenst, das er dann tatsächlich ist.

Die vielen gescheiterten und teilweise plumpen Anschlagsversuche zeigen, dass auch Terroristen nur mit Wasser kochen und im Prinzip keine Chance gegen eine Gesellschaft haben, die zusammenhält und alles oder zumindest das meiste richtig macht. Die Entwicklung der internationalen Medienlandschaft macht einen solchen reflektierten Umgang mit dem Phänomen Terrorismus freilich schwieriger. Die personelle Austrocknung der Redaktionen verunmöglicht zunehmend die intelligente Reflexion. Die schrillste Schlagzeile verspricht die höchste Auflage, und zudem kommen über zweifelhafte Internetseiten und Blogs immer mehr Informationen – nicht durch professionelle Medien gefiltert – an die Öffentlichkeit.

Dass Medien vermehrt auch über die Erfolge der Staaten und ihrer Behörden gegen Terrorismus berichten sollen, ist vielleicht nur ein frommer Wunsch. Sie berichten etwa angesichts von Milliarden, die für Sicherheit ausgegeben werden, dann und wann über neue Sicherheitstechnologien, einmal gefällig und dann wieder ablehnend. Es kann natürlich auch nicht ihre Aufgabe sein, aktiv in den Kampf gegen den Terrorismus einzusteigen. Es liegt wohl an den Behörden und deren Kommunikationsabteilungen, diesen Kampf so darzustellen, dass er den Bürgern Mut macht. Denn wenn die Medien schon eines der entscheidenden Schlachtfelder darstellen, müssen beide Seiten dort Flagge zeigen, nicht bloß die Angreifer. So könnte man zum Beispiel stärker kommunizieren, wie viele Anschläge durch die Zusammenarbeit von Geheimdiensten und Einsatzkräften verhindert worden sind. Auch das ist eine proaktive Waffe gegen den Terrorismus.

Abschreckung durch Berichte über die Folterung oder Ermordung von Terroristen funktioniert allerdings auch nicht. Solche Verstöße gegen die Rechtsstaatlichkeit schwächen den Zusammenhalt in der Gesellschaft. Eine sinnvolle Kommunikationsstrategie könnte sein, die Rechtsstaatlichkeit besonders gut zu inszenieren – etwa die Prozesse gegen gefasste Terroristen, ihre Verurteilung und mit Berichten darüber, wie sie den großen Rest ihres Lebens in Haftanstalten verbringen, die unseren gesellschaftlichen Normen entsprechen.

Wie Sie sich selbst schützen

Das Opfer eines Terroranschlags zu werden, ist nicht mehr so unwahrscheinlich, wie es den Anschein haben mag: Weltweit kommen im Jahr rund 20.000 Menschen bei Attentaten ums Leben und dreimal so viele werden verletzt. Die hohe Zahl an Verletzten hängt mit der steigenden Zahl der Selbstmordattentäter zusammen, die es auf Menschenmengen abgesehen haben. Die Zahl der Attentate nahm in den vergangenen Jahren zwar weltweit ab, aber die Waffen, derer sich Terroristen bedienten, wurden immer effizienter. Niemand kann Ihnen garantieren, dass nicht in einer Flughafenabfertigungshalle zur Stoßzeit ein Attentäter auftaucht und sich in der längsten Schlange vor dem Check-in-Schalter in die Luft sprengt. Auch ein Anschlag in einem Einkaufszentrum wäre denkbar. Vergessen Sie nicht: Auch die Opfer, die im Taj Mahal Palace in Mumbai ums Leben gekommen sind, hätten nie damit gerechnet, dass es die Angreifer ausgerechnet auf dieses Luxushotel abgesehen hatten.

Es gibt überhaupt keine Garantien mehr. Besonders besorgniserregend ist, wie eingangs kurz erwähnt, die wachsende Zahl von Kindern unter den Verletzten und Toten: Mittlerweile machen sie zehn Prozent der Opfer aus. Dass immer mehr junge Menschen unter den Opfern sind, scheint beabsichtigt, aber selbst wenn es Zufall sein sollte Kinder und Jugendliche werden nicht mehr verschont.

Die Frage, die wir uns stellen müssen, ist, wie wir Gefahren erkennen und wie wir uns in Gefahrensituationen zu verhalten haben. Oft sind es einfache Verhaltensmuster, die helfen, das Risiko zu minimieren. Wenn Sie einige davon auf Urlaubs- oder Geschäftsreisen, vor allem in potenziell gefährlichen Ländern beherzigen, senken Sie Ihr Risiko, Opfer eines Terroranschlags zu werden, bereits beträchtlich.

Flugreisen:

- Checken Sie so früh wie möglich ein. Am besten sobald der Schalter geöffnet ist. Es geht darum, größere Menschenansammlungen zu vermeiden. Sollte sich ein Selbstmordattentäter in einer Flugzeughalle in die Luft sprengen wollen, wird er das in einer langen Schlange tun. Fünfzig Personen stellen bereits ein attraktives Angriffsziel dar.

- Nehmen Sie das Angebot von Fluggesellschaften in Anspruch, die Bordkarte selbst auszudrucken. Auf diese Weise gibt es kein Anstellen am Schalter und Sie passieren gleich die Sicherheitskontrolle. Das Gepäck können Sie schon am Abend davor zum Flughafen bringen oder beim elektronischen Check-in-Schalter abgeben.

- Ihr Gepäck sollten Sie stets akribisch im Auge behalten, so lange, bis es am Laufband verschwindet und Sie es nicht mehr sehen. In manchen Ländern werden Gepäckstücke von Flughafenmitarbeitern zu einem Haufen zusammengestellt. Beobachten Sie Ihr Gepäckstück auch dann noch, solange es geht, damit man Ihnen nichts in Ihr Gepäck steckt. Oftmals werden Drogen in fremden Gepäcksstücken geschmuggelt.

- Sehen Sie ein unbeaufsichtigtes Gepäckstück, melden Sie es und verlassen Sie den Ort. Bringen Sie den Koffer oder die Tasche auf keinen Fall selbst zu den Sicherheitsbehörden.

- Meiden Sie größere Menschenansammlungen wie Lärm.
  Laufen Sie im Zweifels- oder Ernstfall nicht auf die Gefahr
  zu, sondern vor ihr davon. Geben Sie der eigenen Neugier
  nicht nach, sondern bringen Sie sich so schnell wie möglich
  in Sicherheit.

- Nach der Landung in einem als gefährlich eingestuften Land
  sollten Sie Vorsicht walten lassen. Stellen Sie sich weit genug
  vom Gepäckband weg und warten Sie so lange, bis die anderen ihr Gepäck vom Band nehmen. Erst danach holen Sie Ihr
  Gepäckstück. Lassen Sie es nicht auf eine zehn oder zwanzig
  Minuten längere Wartezeit ankommen.

Lokale Verkehrsmittel:

- Hüten Sie sich vor potenziellen Piratentaxis, zu denen man
  Sie mit den Worten »Good price, good price« locken will.
  Nehmen Sie lieber ein offizielles Taxi, auch wenn es teurer
  ist. Bevor Sie einsteigen, sehen Sie sich das Foto des Fahrers
  an, das meist am Vorderspiegel oder an der Rückwand der
  Vordersitze angebracht ist, und vergleichen Sie, ob das wirklich Ihr Fahrer ist. Es gibt auch Situationen, in denen Ihnen
  auffällig ein Taxi zugewiesen wird: »We have a taxi for you!«
  Nehmen Sie dieses Taxi auf keinen Fall, warten Sie auf das
  nächste. So können Sie die Planung der Entführer durcheinander bringen. Die Ideallösung ist, sich abholen zu lassen. Dabei ist wichtig, dass der Fahrer ein Schild mit ihrem
  Namen hat. Gehen Sie nicht mit jemandem mit, der zwar
  behauptet, Sie abholen zu sollen, aber nicht Ihren Namen
  kennt. Steigen Sie prinzipiell erst dann in das Taxi, wenn Sie

sich vergewissert haben, dass Ihr Gepäcksstück im Kofferraum ist und nachdem Sie gesehen haben, was der Fahrer möglicherweise sonst noch alles in das Auto lädt.

- In Risikoländern können Fähre, Bus, U-Bahn und Zug gefährlich sein, weil Sie nie wissen, wer sonst noch drinnen sitzt. Im Gegensatz zum Flugzeug ist die Situation hier weniger transparent. Problematisch ist auch, dass es sich um sogenannte »offene Systeme« handelt. Sie sind exponiert, weil diese Verkehrsmittel »offen«, das heißt im Wesentlichen unkontrolliert und daher ideal für Angriffe geeignet sind. Stürmen Terroristen einen Bus, den Zug oder die U-Bahn, so sind Sie ähnlich wie im Flugzeug an einem Fensterplatz weniger gefährdet. Das Risiko in so einem Verkehrsmittel ist dennoch ungleich höher als in einem Privat-Pkw oder Taxi.

Hotelaufenthalt:

- Ein wichtiger Tipp: Je luxuriöser ein Hotel ist, desto gefährlicher ist es auch. Verzichten Sie lieber auf etwas Komfort und wählen Sie ein bescheideneres Dreisternhotel, in dem die Gefahr ungleich geringer ist. Vermeiden Sie Buchungen in US-Hotelketten, da diese naturgemäß überproportional von US-Touristen gewählt werden und einem ungleich höheren Sicherheitsrisiko ausgesetzt sind als nicht-amerikanische Hotels.

- Benützen Sie in einer Tiefgarage niemals zweimal hintereinander denselben Parkplatz. Bevor Sie aussteigen, suchen Sie nach offensichtlichen Auffälligkeiten.

- Wenn Sie das Hotelzimmer verlassen, lassen Sie den Fernseher laufen, sofern das möglich ist. So werden Terroristen getäuscht, die – den Fernseher hörend – annehmen, Sie wären im Zimmer, um dann das Attentat zu begehen. Täuschen Sie die Terroristen, indem Sie für etwas Lärm sorgen, etwa auch durch eine laufende Dusche oder ein Radio.

Geiselnahme:

- Für alle Geiselnahmen gilt: Atmen Sie durch und versuchen Sie zu entspannen. Stellen Sie sich darauf ein, dass die Situation, in der Sie sich befinden, nicht in wenigen Augenblicken vorbei sein wird. Es kann Tage, Wochen und sogar Monate dauern, bis Sie befreit werden.

- Sie müssen sich bewusst werden, was geschieht. Das wird Ihnen helfen, besser mit der Situation fertig zu werden. Wenn sich die Entführung tatsächlich über einen längeren Zeitraum erstreckt, sollten Sie ein mentales Programm ablaufen lassen, zum Beispiel Gedichte rezitieren, mathematische Aufgaben lösen, meditieren. Auch intensive Gedanken an Erlebnisse, Freunde oder Bekannte können helfen.

- Vermeiden Sie es aufzufallen, egal ob positiv oder negativ. Beschweren Sie sich nicht und versuchen Sie auf keinen Fall, den Helden zu spielen. Zeigen Sie sich kooperativ und leisten Sie keinen Widerstand. Fallen Sie auf, so werden Sie als Führer eines potenziellen Aufstandes wahrgenommen. Die Terroristen werden an Ihnen ein Exempel statuieren. Sie werden versuchen, Sie zu brechen oder Sie zu töten.

- Es ist ein natürlicher Reflex, dass Sie anderen, die vor Ihren Augen gequält werden, zu Hilfe eilen wollen. Geben Sie diesem Reflex nicht nach. Vermeiden Sie allzu rasche Bewegungen und alles, was von Terroristen falsch verstanden werden könnte. Beobachten Sie die Lage. Versuchen Sie, sich die Charakteristika der Terroristen genau einzuprägen. Geben Sie Ihnen fiktive Namen. Das kann Ihnen später, bei einer Befreiungsaktion, bei der Sie vielleicht nur wenige Augenblicke Zeit haben werden, helfen, die richtigen Entscheidungen zu treffen. Steht dann der ruhige »Bill« neben ihnen, werden Sie sich anders verhalten, als neben dem cholerischen »Joe«.

- Kommt es zu einem Schusswechsel, legen Sie sich flach auf den Boden. Nicht nur knien, richtig hinlegen. Je flacher Sie liegen, desto weniger werden Sie zur Zielscheibe.

- Sie können nie wissen, wie die Terroristen reagieren. Aber es gibt bestimmte Muster, nach denen sie vorgehen. Sehr oft zum Beispiel teilen Terroristen ihre Geiseln in mehrere Kategorien ein, in wichtigere und unwichtigere Geiseln. Diplomaten und Politiker etwa sind wichtige Geiseln. Von Geiseln, die für Terroristen besonders wichtig sind, sogenannte »High Value Assets«, verlangen sie oft auch ihre Aktenkoffer, beziehungsweise Handtaschen. Dort vermuten sie etwas, was für sie von Bedeutung sein könnte, etwa wichtige Dokumente. Manchmal reicht es schon, wenn die Terroristen den Geiseln die Reisepässe abnehmen, um zu sehen, aus welchen Ländern sie kommen. Sind Sie Bürger einer westlichen Nation, zum Beispiel Europäer oder Amerikaner, haben Sie bereits schlechte Karten, zumal Sie dadurch etwas repräsentieren, was die Terroristen per se schon verachten.

- Als Entführungsopfer werden Sie wahrscheinlich dazu gezwungen, eine bestimmte Körperhaltung einzunehmen, etwa Hände hinter dem Kopf oder Gesicht auf dem Schoss. Diese Haltung werden Sie vielleicht stundenlang einnehmen müssen. Bleiben Sie geduldig, jammern Sie ja nicht. Zeigen Sie Stärke, seien Sie dabei aber nicht waghalsig.

- Wenn ihnen die Terroristen etwas zu trinken geben, nehmen Sie es unbedingt an. Denn Sie wissen nicht, wann es das nächste Mal etwas zu trinken gibt. Auch auf die Gefahr hin, dass Sie hinterher dringend auf die Toilette müssen, aber nicht können. Es ist besser, sich in die Hose zu machen als zu dehydrieren. Bloß Alkohol sollten Sie tunlichst ablehnen. Schieben Sie ein gesundheitliches Problem vor. Alkohol beeinträchtigt Ihr Wahrnehmungsvermögen und Ihre Reaktionszeit.

- Nehmen wir an, Sie planen eine Reise und buchen einen Flug. Welchen Platz wählen Sie? Versuchen Sie, nicht am Gang und nicht zu weit vorne zu sitzen. Passagieren in der First- und Business-Klasse rate ich, zumindest einen Platz am Fenster zu buchen. Je weiter hinten und je weiter vom Gang entfernt Sie sitzen, desto schwieriger sind Sie bei einer Entführung der Maschine für Terroristen greifbar. Das ist durchaus wörtlich zu verstehen. Terroristen werden Sie nicht umständlich über andere hinweg hieven, sondern sich den erstbesten Passagier greifen, wenn sie sich mit einem menschlichen Schutzschild, zum Beispiel vor einem mitfliegenden Air Marshal, schützen wollen.

- Gelingt es den Terroristen, die Kontrolle über das Flugzeug zu gewinnen, dann denken Sie daran: Nur Bruce Willis und Silvester Stallone können sich alleine gegen eine ganze Terroreinheit behaupten, und das auch nur im Film. Verhalten Sie sich ruhig, tun Sie, was von Ihnen verlangt wird und vermeiden Sie Blickkontakt, weil er Sie aggressiv wirken lässt. Noch einmal: Bewahren Sie Ihre Würde, seien Sie gehorsam, aber nicht unterwürfig.

- Wenn Sie während der Geiselnahme im Flugzeug zum Beispiel einen Asthmaanfall haben und Hilfe brauchen, wenden Sie sich an die Crew, nur an die Crew. Die Crew ist darauf vorbereitet und wird entsprechend reagieren. Bei früheren Entführungen hat sich gezeigt, dass Terroristen der Crew durchaus noch eine gewisse Autorität bei der Versorgung der Passagiere zugestehen.

- Die gefährlichsten Phasen sind am Anfang und am Ende einer Geiselnahme. Am Anfang herrscht ein enormes Durcheinander, die Entführer sind angespannt, sie sind sich ihrer Situation noch nicht sicher und versuchen, alle für sie erkennbaren Störfaktoren auszuschalten. Sie müssen unbedingt vermeiden, in dieser Situation als ein solcher Störfaktor wahrgenommen zu werden.

- Geht eine Geiselnahme nicht unblutig zu Ende, findet eine Befreiungsaktion statt. Diese wird extrem schnell ablaufen, da die Geiselnehmer sofort ausgeschaltet werden müssen. Meist finden Befreiungsaktionen im Dunkeln statt, was die Aktion zusätzlich erschwert. Bleiben Sie, wenn Sie die Möglichkeit haben, auf Ihrem Platz und legen Sie sich flach hin. Bewegen Sie sich nicht, sondern warten Sie, bis man Sie auffordert aufzustehen. Sollten Sie aufgerufen werden, das Flugzeug so schnell wie möglich zu verlassen, laufen Sie nicht aufs offene Feld hinaus, damit man Sie nicht für einen flüchtenden Geiselnehmer hält, sondern in Richtung Terminal und damit auf die Befreier zu. Besonders schlimm ist es, wenn die Befreier am Ende selbst die Geiseln töten. Viele Geiseln sind im letzten Augenblick, während der Befreiungsaktion, ums Leben gekommen.

- Eine Befreiungsaktion wird sehr laut ablaufen. Sie werden vermutlich durch Granaten geblendet. Für die Befreier ist die Gefahr noch nicht gebannt. Ein Geiselnehmer könnte sich als Passagier ausgeben. Deswegen werden Sie vielleicht in Handschellen gelegt und grob angepackt. Leisten Sie keinen Widerstand. Versuchen Sie nicht, die Befreier von Ihrer Unschuld zu überzeugen. Sie sind trainiert, nicht darauf zu reagieren. Später wird sich alles aufklären und man wird sich bei Ihnen entschuldigen.

Entführung:

Achtsamkeit empfiehlt sich auch im Alltag. Nehmen wir als Beispiel eine Entführung. Sie wiegen sich vielleicht in Sicherheit, weil Sie meinen, Sie wären für eine Entführung zu unbedeutend. Doch das ist ein Irrglaube. Jeder, ganz gleich, welchen sozialen Status er oder sie einnimmt, kann Opfer einer Entführung werden. Es müssen nicht Politiker, Unternehmer oder Manager sein, es können auch gewöhnliche Angestellte sein. Niemand sollte sich deshalb darauf verlassen, ohnedies nur »Durchschnittsbürger« zu sein.

Es empfiehlt sich also eine gewisse Grundaufmerksamkeit. Denn jeder Terrorist hinterlässt Spuren bei der Planung und Durchführung von Attentaten. Will er zum Beispiel jemanden entführen, muss er sich eine Vielzahl von Informationen beschaffen. Er muss wissen, wie sein Opfer aussieht und es observieren, um seinen Tagesablauf genau zu studieren.

All das wird ihm in den wenigsten Fällen gelingen, ohne dabei auf sich aufmerksam zu machen. Wer genau hinsieht, merkt immer, dass er beobachtet wird. Die eigene Sensibilität dafür, wann und wo etwas passieren könnte, lässt sich schulen. Der Instinkt dafür ist angeboren.

Auch für den Entführungsfall gibt es bestimmte Verhaltensregeln, die für Sie überlebenswichtig sein könnten:

- Entführungen sind in Mittel- und Südamerika besonders häufig. Zu gefährlichen Situationen kommt es meistens beim Ein- und Aussteigen, seltener während der Fahrt. Wenn Sie bemerken, dass man ihnen folgt, sollten Sie versuchen, zumindest eine halbe Wagenlänge vor dem anderen Wagen zu bleiben, da Sie auf diese Art manövrierfähig sind und Ausweichmöglichkeiten haben.

- Stopptafeln, Ampeln oder Sackgassen sind beliebte Orte, an denen Entführer zuschlagen. Zu den meisten Entführungen kommt es in Stop-and-Drive-Phasen, also wenn angehalten oder langsam gefahren wird. Falls möglich, fahren Sie deswegen nie unter 50 Stundenkilometer schnell und stellen Sie sicher, dass Ihr Auto zu Fahrtantritt von innen geschlossen ist. Einige Modelle verfügen über einen automatischen Schließmechanismus, der vorher mitunter aktiviert werden muss.

- Fahren Sie immer mit vollem Tank los. So brauchen Sie seltener zu halten.

- Auf einem Parkplatz parken Sie rückwärts, also so, dass Sie sofort wegfahren können, mit der Motorhaube in Richtung Ausfahrt.

- Bevor Sie sich Ihrem Auto nähern, vergewissern Sie sich, dass Ihnen niemand folgt. Halten Sie den Autoschlüssel griffbereit, damit Sie an der Autotür nicht noch mühsam in der Tasche kramen müssen. Fahren Sie sofort los, sobald Sie im Auto sitzen. Führen Sie nicht erst noch lange Gespräche am Handy und suchen Sie nicht noch lange nach der richtigen CD für Ihre Unterhaltung während der Fahrt.

- Wenn Ihre Reifen beschädigt werden, fahren Sie weiter. Sie können sich auch noch auf den Felgen in Sicherheit bringen.

- Lassen Sie sich nicht zu einer leichtsinnigen Tat verführen. Sie sehen im Jemen oder in Algerien einen Verletzten auf der Straße liegen? Es könnte eine Falle sein. Steigen Sie nicht aus. Rufen Sie lieber die Polizei. Sorgen Sie rechtzeitig dafür, dass Sie deren Notrufnummer dabei haben.

- Wenn Sie in einen Hinterhalt geraten, versuchen Sie, auf sich aufmerksam zu machen, etwa indem Sie die Hupe und die Warnblinkanlage betätigen.

- Wenn Sie trotzdem in Gefangenschaft geraten, wird man Ihnen die Gründe nicht sofort erklären. Stehen Sie für etwas, das man bestrafen will, zum Beispiel für die westliche Kultur? Könnte man eine Information von Ihnen erpressen wollen? Braucht man Sie, um mit Ihnen einen Tauschhandel zu treiben? Versuchen Sie nicht, einen Deal anzubieten. Handeln Sie nicht um Ihr Leben. Vergessen Sie nicht, dass die ersten Minuten in Gefangenschaft die gefährlichsten sind. Tun Sie alles, was man Ihnen sagt. Zeigen Sie keine Angst – und ich kann es nicht oft genug sagen: Spielen Sie nicht den Helden. Verhalten Sie sich so neutral wie möglich. Sorgen Sie rechtzeitig dafür, dass möglichst wenig auf Ihren sozialen Status hinweist, wie etwa teurer Schmuck. Vermeiden Sie auf jeden Fall Diskussionen über Politik und Religion.

- Wenn Sie in einer Gruppe entführt werden, sprechen Sie in den ersten Minuten nicht mit den anderen. Da Sie eine andere Sprache sprechen, werden die Entführer glauben, Sie hecken eine Fluchtstrategie aus. Provozieren Sie die Entführer nicht. Denken Sie auch in so einem Fall daran: Die Entführer sind vermutlich noch angespannter als Sie selbst.

- Sehen Sie auch einem Entführer nicht in die Augen. Aus den gleichen Gründen wie bei einer Flugzeugentführung.

- Geben Sie einem Entführer nie das Gefühl, Sie könnten ihn jederzeit wiedererkennen und würden ihn so bei der ersten Gelegenheit verraten.

- Provozieren Sie einen Entführer nicht unnötig, weder mit Worten noch mit Gesten.

- Vertrauen Sie nicht zu sehr auf das Stockholm-Syndrom, also darauf, dass Sie und Ihr Täter Freunde werden. Das Stockholm-Syndrom stellt sich erst nach Wochen oder gar Monaten ein – wenn überhaupt. Außerdem werden Sie nicht von einem einzelnen Täter entführt, sondern fast immer von einer ganzen Gruppe. Und die einzelnen Mitglieder werden es tunlichst vermeiden – und sich gegenseitig daran hindern –, sich mit Ihnen anzufreunden.

Bombenanschlag:

Sie müssen damit rechnen, dass auch Sie Ziel einer Brief- oder Paketbombe werden könnten. Kontrollieren Sie zur Sicherheit vor dem Öffnen jede Postsendung: Kennen Sie den Absender? Selbst wenn das der Fall ist, könnte es sich um eine Bombe handeln. Fehlt die Absenderadresse? Stimmt die Absenderadresse mit dem Poststempel überein? Ist auf dem Briefumschlag zu viel Postgebühr entrichtet, damit sichergegangen wird, dass der Brief auch ja ankommt? Ist der Brief gepolstert oder auffallend schwer? Ist eine Hälfte des Kuverts schwerer als die andere? Ist auf dem Kuvert eine farbliche Veränderung des Papiers zu erkennen? Können Sie die Handschrift des Absenders erkennen? Wurde die Absenderadresse mit einer Schreibmaschine auf das

Kuvert getippt? All diese Fragen sollten Sie sich stellen, bevor Sie einen Brief aufreißen oder ein Paket öffnen. Wenn Sie berechtigte Gründe haben, die Postsendung nicht aufzureißen, lassen Sie es besser. Bedecken Sie sie mit einem Tuch oder mit einem anderen Gegenstand. Verlassen Sie das Zimmer so schnell wie möglich und benachrichtigen Sie die Polizei. Denken Sie darüber nach, wer Ihnen diese Postsendung überbracht hat und wer sie sonst noch in Händen gehalten hat. Der Inhalt des Briefs könnte auch Gift oder eine radioaktive Substanz sein.

Terroristen werden in Zukunft verstärkt auf Autobomben setzen. Explodiert eine Autobombe im Nahen Osten, wird das keine großen Schlagzeilen mehr auslösen. Bei uns in Europa, sei es in Deutschland, Frankreich, England oder auch Österreich, ist das anders. Hier kann eine Autobombe noch schockieren und genügend Aufmerksamkeit erregen. Beliebt für den Einsatz einer Autobombe sind belebte Plätze, etwa Märkte oder Einkaufsstraßen sowie gängige Restaurants und Nachtlokale. Terroristen lassen natürlich nicht ihr eigenes Auto in die Luft fliegen, sondern ein gestohlenes.

Angenommen Sie werden von dem Unternehmen, für das Sie arbeiten, nach Algerien geschickt und müssen sich dort ein Auto ausborgen. Kontrollieren Sie es genau, fragen Sie, wann es zum letzten Mal beim Service war. Wer war der Mechaniker? War der Mechaniker die ganze Zeit über beim Auto oder war es teils unbeaufsichtigt? Nur weil ein Auto außen intakt ist, heißt das noch lange nicht, dass es das auch innen ist. Sehr beliebt sind Rohrbomben im Auspuff, weil sie kaum auffallen.

• Suchen Sie nach Spuren. Im Nahen Osten zum Beispiel sind Straßen häufig staubig. Sie könnten also Spuren auf dem staubigen Auto finden. Fällt Ihnen etwas auf? Hängen irgendwo Drähte, die dort eigentlich nicht hingehören?

- Bei der Sicherheitskontrolle des Wagens reicht es nicht, die Motorhaube zu öffnen, hineinzuschauen und wieder zu schließen. Sie müssten im Prinzip auch den Luftfilter kontrollieren. Denn das dosenförmige Luftfiltergehäuse bietet Platz für eine Ladung Sprengstoff.

- Kein Terrorist wird eine Bombe einfach so in den Kofferraum legen, er wird sie vielmehr unter dem Reserverad verstecken. Auch in Stoßstangen oder in Rückspiegeln kann Sprengstoff angebracht werden.

- Kontrollieren Sie anschließend auch den Innenraum. Öffnen Sie die Türe langsam und nur einen Spalt und schauen Sie nach, ob im Bereich der Türangeln Drähte sichtbar sind.

- Der Autoboden ist heikel. Sieht er anders aus, als Sie es von zuhause gewohnt sind? Entdecken Sie Wölbungen? Die Sitze sind hohl und aus Schaumgummi, darunter befinden sich Metallfedern, überzogen mit Leder oder Stoff – ein perfektes Versteck. Öffnen Sie die Türen und sehen Sie nach, ob Fahrer- oder Beifahrersitz von hinten manipuliert wurden.

- Ein beliebtes Versteck für eine Autobombe ist die Mittelkonsole, also der Bereich mit Aschenbecher, CD-Spieler und Zigarettenanzünder. Sehen Sie auch hinter und in den Sonnenblenden nach, die sich, weil sie gepolstert sind, als gutes Versteck eignen. Als besonders tückisches Versteck erweist sich die Gurtschneide, weil dort nur selten nachgesehen wird. Starten Sie den Motor erst, wenn Sie sicher sein können, dass alles in Ordnung ist. Glauben Sie mir: All das sind keine übertriebenen Maßnahmen. In vielen Ländern des Nahen und Mittleren Ostens, in Süd- und Zentralamerika sowie in Südostasien ist der Terror längst Alltag.

Cyberangriff

Wir haben vom Cyberterrorismus gesprochen. Auch vor den Angriffen im Netz können Sie sich selbst schützen, und das mitunter besser, als im »realen« Leben. Eine Firewall wird dafür allerdings nicht ausreichen. Wenn Sie Ihr Risiko, Opfer einer Internetattacke zu werden, reduzieren wollen, müssen Sie auch hier Ihr Verhalten grundsätzlich überdenken. Sie müssen möglicherweise neue Gewohnheiten im Umgang mit dem Netz entwickeln und ein neues Verständnis für elektronische Sicherheit aufbauen, das weit über das technische hinausgeht. Sie müssen sich bewusst werden, dass Sie der Gefahr nicht hilflos wie die Maus vor der Schlange ausgeliefert sind. Den Angriff selbst können Sie zwar nicht verhindern, der wird kommen und vielleicht auch Sie treffen, aber Sie können sich vor seinen Auswirkungen schützen. Dazu müssen Sie im ersten Schritt einmal entdecken, dass Sie überhaupt angegriffen werden. Das ist allerdings nicht immer ganz einfach.

- Wenn Sie einem Kollegen oder einer Kollegin ein E-Mail schicken, muss Ihnen klar sein, dass Sie öffentlich agieren. Auf einen Mailserver zuzugreifen stellt heutzutage für einen mittelmäßigen Hacker kein großes Problem dar. Es ist in etwa so, als würden Sie einen Brief schicken, und der Postbote öffnet das Kuvert und liest Ihre Zeilen, bevor er Ihren Brief in einen neuen Umschlag steckt und ihn in den Briefkasten wirft. Auch abgespeicherte Daten können problemlos manipuliert werden.

• Erkundigen Sie sich einmal bei Ihrem Arbeitgeber nach den Sicherheitsvorkehrungen im IT-System. Auch bei Cyberkriminalität sind Insider das große Problem. Firmen brauchen strenge Zugangskontrollen zu IT-Systemen. Nicht jeder sollte uneingeschränkten Zugang zu allen Systemen bekommen, denn dadurch werden Tür und Tor für Angriffe geöffnet. Es muss in den Unternehmen scharfe Trennlinien geben, die festlegen, wer Zugang zu Daten hat und wer sie bearbeiten darf. Derartige Restriktionen müssen, sobald sie einmal beschlossen sind, auch rigoros umgesetzt werden. Wir müssen auch hier ein Gleichgewicht zwischen unserem Bedürfnis nach Schutz und der Notwendigkeit nach Transparenz finden. Es gilt auch hier abzuwägen, wie viel Sicherheit und wie viel Privatsphäre wir wollen.

• Soziale Netzwerke wie Facebook sind dabei höchst problematisch, weil Sie dadurch angreifbar werden. Sie sind für Cyberterroristen, die sich mit Leichtigkeit in Ihr persönliches Profil einschleusen, eine ideale Basis, um sich Zugang zu Ihren höchst persönlichen Informationen zu beschaffen und diese anschließend für ihre Zwecke zu nutzen. Sie dürfen nie vergessen: Auch Cyberterroristen sind auf Anonymität angewiesen. Was liegt für sie also näher als sich eine fremde Identität zuzulegen, die sie einfach aus einem offenen

Facebook-Account beziehen. Schon heute weiß Google mehr über Sie als Ihre Sozialversicherung. Die meisten Daten, die dort abrufbar sind, haben Sie selbst freiwillig ins Netz gestellt und so der gesamten Öffentlichkeit zur Verfügung gestellt. Nachrichtendienste könnten es nicht einfacher haben, weitreichende Informationen über die Bürger zu erlangen.

Das oben angesprochene persönliche Umdenken ist also dringend nötig. Es ist Zeit für eine neue Cybersicherheitskultur. Private Unternehmen müssen überprüfen, ob die neuen Standards eingehalten werden. Wie viele Betriebe haben ein Prüfsystem, das ihnen binnen kürzester Zeit sagt, dass sie soeben angegriffen werden? Welche Unternehmen haben Alarmsysteme, die Cyberangriffe entlarven? Nur wenige – und das in einer Zeit, in der auf einschlägigen Internet-Seiten immer häufiger und offener zu Cyberterrorismus aufgerufen wird.

Hier und in allen anderen Bereichen gilt: Wir müssen uns der Gefahr bewusst sein. Machen wir es den Terroristen nicht zu einfach.

Quellen

Michael Bauer, Cornelia Beyer: Effectively Countering Terrorism. The Challenges of Prevention, Preparedness and Response. Sussex Academic Press: Brighton, Portland 2009.

SDA Monthly Roundtable: Assessing the Cyber Security Threat. Bibliothèque Solvay: Brüssel 2008.

Frances Edwards, Friedrich Steinhäusler (Hg.): NATO and Terrorism. Catastrophic Terrorism and First Responders. Threats and Mitigations. Springer: 2005.

Frances Edwards, Friedrich Steinhäusler (Hg.): NATO and Terrorism. On Scene: New Challenges for First Responders and Civil Protection. Springer: 2007.

Ian Cuthbertson, Heinz Gärtner (Hg.): European Security and Transatlantic Relations after 9/11 and the Iraq War. Palgrave Macmillan: Hampshire, New York 2005.

Internetquellen:

http://www.symantec.com/avcenter/reference/cyberterrorism.pdf

http://www.welt.de/wirtschaft/webwelt/article3198864/Wie-die-Bundeswehr-den-Cyberwar-gewinnen-will.html

http://orf.at/stories/2016646/2016647/

http://www.spiegel.de/politik/ausland/0,1518,718521,00.html

http://www.ftd.de/politik/deutschland/:zuwanderung-die-statistische-wahrheit-ueber-migranten/50166333.html

http://www.welt.de/politik/deutschland/article10812969/Europa im-Visier-der-Terrorkommandos-von-al-Qaida.html

http://www.welt.de/print/die_welt/vermischtes/article10819214/Im-Namen-Allahs.html

Stichwortverzeichnis

189

Cem Ekmekcioglu: **Der unberührte Mensch**

• *Der Berührungsmangel der Gesellschaft 2.0*
• *Wie wir ohne Körperkontakt verkümmern*
• *Wie uns mehr Berührungen wieder gesünder und glücklicher machen*

Das verschwiegene Dilemma der Internetgesellschaft: Online geht längst so gut wie alles – außer Körperkontakt. Die Folgen dieses Mankos gehen tief unter die Haut. Die menschliche Psyche leidet ebenso wie die Gesundheit. Der Arzt Cem Ekmekcioglu beschreibt in seinem Buch, wie und in welchen Stufen unsere Seele und unser Körper unter der neuen berührungslosen Lebensroutine erodieren und umgekehrt: wie uns Körperkontakt und Zärtlichkeit glücklich machen, heilen und letztlich die ganze Gesellschaft positiv beeinflussen.

Hardcover mit Schutzumschlag
208 Seiten, EUR 19,95
ISBN 978-3-99001-023-5

M. Berger, A. Johannsen: **Vorsicht Vertrauen**

- *Warum wir nicht mehr vertrauen*
- *Wem wir noch vertrauen können*
- *Mit großer Exklusiv-Umfrage zum Thema*

Laut repräsentativen Umfragen, die das Autorenduo exklusiv
für dieses Buch durchgeführt hat, genießt der Papst weniger
Vertrauen als manches Möbelhaus. Die Banken und Konzerne
haben ihres spätestens in der Wirtschaftskrise eingebüßt
und Politikern und Medien glaubt schon lange niemand
mehr. Doch ohne Vertrauen verliert die Gesellschaft ihren
Zusammenhalt. Manfred Berger und Arne Johannsen
beschreiben in ihrem Buch, wie wir unser Vertrauen verloren
haben, wie wir neues Vertrauen wieder aufbauen können und
welche Rolle die Online-Communities dabei spielen.

Hardcover mit Schutzumschlag
208 Seiten, EUR 19,95
ISBN 978-3-99001-026-6

M. Berger, A. Johannsen: **Vorsicht Vertrauen**

- *Warum wir nicht mehr vertrauen*
- *Wem wir noch vertrauen können*
- *Mit großer Exklusiv-Umfrage zum Thema*

Laut repräsentativen Umfragen, die das Autorenduo exklusiv
für dieses Buch durchgeführt hat, genießt der Papst weniger
Vertrauen als manches Möbelhaus. Die Banken und Konzerne
haben ihres spätestens in der Wirtschaftskrise eingebüßt
und Politikern und Medien glaubt schon lange niemand
mehr. Doch ohne Vertrauen verliert die Gesellschaft ihren
Zusammenhalt. Manfred Berger und Arne Johannsen
beschreiben in ihrem Buch, wie wir unser Vertrauen verloren
haben, wie wir neues Vertrauen wieder aufbauen können und
welche Rolle die Online-Communities dabei spielen.

Hardcover mit Schutzumschlag
208 Seiten, EUR 19,95
ISBN 978-3-99001-026-6